社会福祉
学習双書
2024

第 9 巻

ソーシャルワークの基盤と専門職

『社会福祉学習双書』編集委員会　編
社会福祉法人　全国社会福祉協議会

社会福祉士養成課程カリキュラムと『社会福祉学習双書』目次の対比表

第9巻 ソーシャルワークの基盤と専門職

(社会福祉士・精神保健福祉士共通／社会福祉士専門)

養成カリキュラム「教育に含むべき事項」		社会福祉学習双書「目次」
社会福祉士・精神保健福祉士共通	①社会福祉士及び精神保健福祉士の法的な位置づけ	・第3章第2節「ソーシャルワーク専門職：社会福祉士・精神保健福祉士」
	②ソーシャルワークの概念	・第1章第1節「ソーシャルワークが求められる時代」 ・第1章第2節「ソーシャルワークの定義と機能」
	③ソーシャルワークの基盤となる考え方	・第2章第1節「価値・倫理の意義」 ・第2章第2節「価値の構成要素」 ・第2章第3節「ソーシャルワークの新しい価値基盤」
	④ソーシャルワークの形成過程	・第4章「ソーシャルワークの歴史的発展過程」
	⑤ソーシャルワークの倫理	・第2章第4節「専門職倫理と倫理的ジレンマ」
社会福祉士専門	①ソーシャルワークに係る専門職の概念と範囲	・第3章第3節「社会福祉士・精神保健福祉士に関連する職種」 ・第3章第4節「ソーシャルワーク実践の場と職種」
	②ミクロ・メゾ・マクロレベルにおけるソーシャルワーク	・第3章第1節「全体像の把握から援助につなぐ」
	③総合的かつ包括的な支援と多職種連携の意義と内容	・第1章第3節「総合的かつ包括的な支援の意義と内容」 ・第1章第4節「総合的・包括的な支援の発展とソーシャルワークの課題」

刊行にあたって

　現代社会にあって、地域住民が直面する多様な課題や個々人・家族が抱える生活のしづらさを解決するためには、従来の縦割り施策や専門領域に閉じこもった支援では効果的な結果を得にくい。このことは、社会福祉領域だけではなく、関連領域でも共有されてきたところである。平成29（2017）年の社会福祉法改正では、「地域共生社会」の実現を現実的な施策として展開するシステムの礎を構築することとなった。社会福祉に携わる者は支援すべき人びとが直面する課題を「他人事」にせず、また「分野ごと」に分断せず、「複合課題丸ごと」「世帯丸ごと」の課題として把握し、解決していくことが求められている。また、支援利用を躊躇、拒否する人びとへのアプローチも試みていく必要がある。

　第二次世界大戦後、社会福祉分野での支援は混合から分化、そして統合へと展開してきた。年齢や生活課題によって対応を「専門分化」させる時期が長く続くなかで出現し固着化した縦割り施策では、共通の課題が見逃される傾向が強く、制度の谷間に潜在する課題を生み出すことになった。この流れのなかで、包括的な対応の必要性が認識されるに至っている。令和5（2023）年度からは、こども家庭庁が創設され、子ども・子育て支援を一体的に担うこととなった。加えて、分断隔離から、地域を基盤とした支援の構築も実現されてきている。地域から隔絶された場所に隔離・収容する対応は、在宅福祉の重要性を訴える当事者や関係者の活動のなかで大幅な方向転換を行うことになった。

　措置制度から利用制度への転換は、主体的な選択を可能とする一方で、利用者支援や権利擁護も重要な課題とした。社会資源と地域住民との結び付け、継続的利用に関する支援や苦情解決などが具体的内容である。地域や家族、個人が当事者として参加することを担保しながら、ともに考える関係となるような支援が求められている。利用者を支援に合わせるのではなく、支援を利用者のニーズに適合させることが求められている。

　「働き方改革」は働く者全体の課題である。仲間や他分野で働く人々との協働があってこそ実現できる。共通の「言語」を有し、相互理解を前提とした協

働こそ、利用者やその家族、地域社会への貢献を可能とする。ソーシャルワーカーやその関連職種は、法令遵守（コンプライアンス）の徹底と、提供した支援や選択されなかった支援について、専門職としてどのような判断のもとに当該支援を実施したのか、しなかったのかを説明すること（アカウンタビリティ）も同時に求められるようになってきている。

　本双書は、このような社会的要請と期待に応えるための知識やデータを網羅していると自負している。

　いまだに終息をみせたとはいえない、新型コロナウイルス（COVID-19）禍は引き続き我われの生活に大きな影響を与えている。また、世界各地で自然災害や紛争・戦争が頻発している。これらは個人・家族間の分断を進行させるとともに、新たな支援ニーズも顕在化させてきている。このような時代であるからこそ、代弁者（アドボケーター）として、地域住民や生活課題に直面している人々の「声なき声」を聴き、社会福祉領域のみならず、さまざまな関連領域の施策を俯瞰し、地域住民の絆を強め、特定の家族や個人が地域のなかで課題解決に取り組める体制づくりが必要である。人と諸制度をつなぎ、地域社会をすべての人々にとって暮らしやすい場とすることが社会福祉領域の社会的役割である。関係機関・団体、施設と連携して支援するコーディネーターとなることができる社会福祉士、社会福祉主事をはじめとする社会福祉専門職への期待はさらに大きくなっている。社会福祉領域で働く者も、エッセンシャルワーカーであるという自覚と矜持をもつべきである。

　本双書は各巻とも、令和元（2019）年度改正の社会福祉士養成カリキュラムにも対応し、大幅な改訂を行った。また、学習する人が制度や政策を理解するとともに、多職種との連携・協働を可能とする幅広い知識を獲得し、対人援助や地域支援の実践方法を学ぶことができる内容となっている。特に、学習する人の立場に立って、章ごとに学習のねらいを明らかにするとともに、多くの工夫を行った。

社会福祉制度は、かつてないスピードで変革を遂げてきている。その潮流が利用者視点から点検され、新たな改革がなされていくことは重要である。その基本的視点や、基盤となる情報を本双書は提供できていると考える。本双書を通じて学ばれる方々が、この改革の担い手として、将来的にはリーダーとして、多様な現場で活躍されることを願っている。担い手があってこその制度・政策であり、改革も現場が起点となる。利用者自身やその家族からの信頼を得ることは、社会福祉職が地域社会から信頼されることに直結している。社会福祉人材の育成にかかわる方々にも本双書をお薦めしたい。

　最後に、各巻の担当編集委員や執筆者には、改訂にあたって新しいデータ収集とそれに基づく最新情報について執筆をいただくなど、一方ならぬご尽力をいただいたこともあらためて読者の方々にご紹介し、総括編集委員長としてお礼を申し述べたい。

令和5年12月

『社会福祉学習双書』総括編集委員長

松　原　康　雄

目　次

第3章　ソーシャルワークの対象と担い手

第4章　ソーシャルワークの歴史的発展過程

＊本双書においては、テキストとしての性格上、歴史的事実等の表現については当時のまま、また医学的表現等についてはあくまで学術用語として使用しております。

表紙デザイン：株式会社ビー・ツー・ベアーズ

第1章

ソーシャルワークとは何か

学習のねらい

　本章では、ソーシャルワークが求められる時代のなかで、そもそもソーシャルワークとは何か、それは人々や社会にとってどのような意味をもつはたらきなのかについて学ぶ。

　第1節では、今日のソーシャルワークを取り巻く社会的状況について述べる。人々の生活問題や生活課題が多様化・複雑化するなかで、ソーシャルワークがますます求められていることを示す。

　続く第2節では、あらためてソーシャルワークとは何かについて、その定義を示すとともに、今日求められるソーシャルワークの機能を示す。

　さらに第3節では、ソーシャルワークの展開のあり方として期待される、総合的かつ包括的な支援の意義と内容について、地域共生社会の実現やジェネラリスト・ソーシャルワークにも関連させて述べる。

　そして第4節では、これからのソーシャルワークの発展に向けた課題を明らかにする。変化が激しい昨今の社会状況のなかで、人々の生活と尊厳を守るために、そして人々の生活の基盤としての地域を支えるために、ソーシャルワークは何をしなければならないのか。ソーシャルワークの、そしてそれを実践する私たちの使命とは何かについてを学ぶ。

第1節 ソーシャルワークが求められる時代

1 ソーシャルワークを取り巻く社会的状況

（1）その時代の人々の生活とともにあるソーシャルワーク

　ソーシャルワークは、その時代の社会状況の中で、日常を生きる人々の生活状況や人々が抱える生活問題に向き合い、安定した社会生活の維持や再建、そして誰もが安心して暮らせる社会の実現に向けて、実践や研究を重ねつつ発展してきた。それは、さまざまな生きづらさや生活のしづらさを抱える人々への直接的な支援[*1]の展開と、その困難状況の改善に向けてのはたらきかけを通して、専門性の向上と社会的信頼の獲得に取り組んできたソーシャルワーカーの歴史でもある。

　貧困や差別、社会的な排除や孤立の問題、また育児や介護、就学や就労をめぐる問題など、ソーシャルワークの対象となる生活問題は幅広く、そして多様である。それは、ソーシャルワークが、個人とその家族、また地域、学校や職場など、個人や家族を取り巻く社会環境をも視野に入れながらの、それぞれに独自性や固有性をもつ生活全体を支援する営みだからである。

　そして、人々の生活状況は、その時代の社会状況に大きく影響される。したがって、生活問題（例えば家計に関すること、家族関係や親戚関係のこと、就学や学校に関すること、仕事や職場のこと、介護や育児のこと、近隣住民との関係のこと、病気や障害に関することなど）の現れ方も時代によって異なる。

　今日の日本は、少子高齢化の進行と人口減少の時代にあり、社会・経済状況や産業構造の変化、またそれに伴う就業構造や雇用形態の変化、地域社会の変化、さらには世帯構造や家族形態の多様化の中にある。また、ICTの発達を背景に、経済や情報などさまざまな側面でのグローバル化が進む中で、人々の価値観やライフスタイルも多様化している。そのような社会状況の中で、人々が抱える生活問題も、多様化・複雑化、また複合化や長期化の様相を見せている。

　ソーシャルワークで大切なことは、個人や家族が抱える生活問題や困難状況の背景には、それを生じさせる社会的、地域的、環境的な構造が

*1
ソーシャルワークでは、「援助」という用語の代わりに「支援」という用語を使用することが多くなっているが、本書では両方の用語を必要に応じて用いる。

必ずあるという認識である。当事者が直面する困難状況は、個人や家族の責任に帰して終わる問題では決してなく、社会環境や社会構造によるものであり、個人の生活に現れる問題は、地域や社会に内包される問題であるという見方である。

　それゆえに、ソーシャルワークは、個人や家族への直接的な支援から、地域のあり方や社会環境の改善へのはたらきかけへと至るものでなければならない。すなわち、ミクロレベルからメゾレベル、そしてマクロレベルでの実践が相互に連動して、ソーシャルワークが展開するという理解が重要である。

　ソーシャルワークは、その時代に生きる人々の生活とともにあること、そして、そのときどきの社会状況の中で生きづらさや生活のしづらさを抱える人々の側に立ち、その尊厳と権利を守るべく、地域や社会の変化をも見据えた支援やはたらきかけを行う営みであることを忘れてはならない。

（2）ソーシャルワークが求められる今日的状況

　私たちが生きて生活を営む中では、さまざまな困難状況に直面することが起こり得る。例えば、身体的・精神的な病気のこと、認知症や要介護状態にある親の介護のこと、ひとり親家庭や子どもに障害があるなど子育てに伴うこと、いじめや不登校など就学や学校生活でのこと、非正規雇用やリストラなどの就労に伴うこと、家庭における経済的なことや家族関係のことなど、さまざまにあげられる。

　それらの困難を前に、ときには自分や家族だけの力では解決できずに行き詰まってしまうことがある。あるいは必要な支援やサービスにつながらず、孤立した状態で困難を抱え続けることがある。特に今日のような変化が激しく、かつ複雑な社会状況の中では、このような生活問題は決して個人や家族だけで抱えるべきことではなく、またそのすべてを個人や家族だけで解決していくべきことでもない。同じような立場や状況に置かれれば、誰にでも起こる可能性のあることなのである。そして、その背景には、前述したように何らかの社会的、地域的、環境的な要因があるという認識が重要である。

　例えば、介護や子育てに悩む家族にとって、身近に相談できる場所があるかどうかや地域に利用可能なサービスが整備されているかどうかによってその困難の度合いも異なる。また、何らかの病気や障害を抱えつつ生活する人にとっては医療機関が身近にあるかどうか、地域や職場の

理解や配慮が得られるかどうかも生活や就労の継続に大きく影響する。さらには、貧困や社会的に孤立した状態にある人や家族にとっては、地域住民の支え合いやつながり、行政や専門機関とのネットワークが形成されている地域とそうでない地域とでは、問題の現れ方も異なる。

　このように、現代社会の中でさまざまに生じる生活問題や困難状況に対しては、地域の課題や社会の問題としてとらえることが重要である。そして、そこにこそ個人や家族への直接的な支援と、地域のあり方や社会環境の改善とを一体的にとらえた方法や実践としてのソーシャルワークの必要性と可能性があるのである。

　今こそソーシャルワークが求められている時代である。ソーシャルワークが対応しなければならない生活問題が、非常に多岐にわたっている。今日の日本の社会状況とその中で生じる生活問題に向き合い、今を生きる人々の生活の現実、そして人々が暮らす地域社会の現状を見据えたソーシャルワークのあり方とソーシャルワーカー（社会福祉専門職）の存在意義や役割を問うべきときである。

2 多様化・複雑化・複合化する人々の生活問題

（1）人々の生活問題への認識とソーシャルワーク

　ソーシャルワークは歴史的に、その時代の中で、人々の社会生活上で起こる困難状況、すなわちさまざまな生活問題に対応しながら、安定した日常生活の維持や再建に向けた支援を行ってきた。そのようなソーシャルワークで重視されるのは、人々が抱える生活問題は、社会環境や社会構造的な要因を背景にもつという認識である。

　例えば、個人や家族の生活に生じる貧困問題の背景には、不景気の中での会社の都合によるリストラや解雇があり、たとえ再就職を試みても正規採用の仕事に就くことが困難な社会状況がある。あるいは、ようやく正規採用で就職できたとしても、長時間労働や休日出勤を強いられ、休暇を取ることもままならない職場であった場合、それでも正社員の職を手放せない中では、心身ともに疲弊して病気を患うことにもなり得る。

　また、「介護や育児の社会化」が叫ばれて久しいにもかかわらず、介護や子育てをめぐって家族や親が抱える困難な状況は改善されず、虐待等の事件も後を絶たない。必要な支援やサービスにもつながらず、相談する相手もないままに孤立した状況の中で日々疲弊する家族や親の姿が

ある。就学や就労をめぐっては、少子化の中にあっても不登校児童・生徒数は依然として減少傾向にはなく、また就労につながらない若者のひきこもりの期間が長期化する傾向にある。このような状況に対して、個人や家族の努力不足を責めるのでは決してなく、地域のサポート体制の不備や、学校や職場など子どもや若者を取り巻く環境のあり方、住民のつながりや支え合いの希薄化が問われなければならない。

　さらに近年は、子どもの貧困や女性の貧困の問題が指摘されているが、例えば母子家庭の母親が派遣労働やパートタイムで働かざるを得ない状況や、育児と仕事との両立に対する職場の無理解、また男女の賃金格差などの社会的不利の状況、さらには母子家庭に対する地域の人々の偏見や、子育ては母親の責任というかたよった育児観や母親観など、母子家庭を取り巻く社会構造や親子を取り巻く周囲の環境が、働いても必ずしも生活が楽にならないという状況を生み出している。

　このように、人々が抱える生活問題とは、個人の自己責任や努力不足などでは決してなく、いつ誰にでも起こり得る社会環境的、社会構造的な問題なのである。人々が経験する生きづらさや生活のしづらさをもたらす周囲の環境や社会状況の変化や改善なしには、生活問題の本質的な解決には至らないという認識が、ソーシャルワークには欠かせない。

（2）生活問題の多様化・複雑化・複合化の中で

　人口の少子化・高齢化、それに伴う人口減少や家族形態の多様化が進行する日本では、社会福祉を取り巻く状況も大きく変化している。産業構造や就業構造の変化に伴う不安定な就労条件や非正規雇用の増大、低所得や貧困問題の広がり、地域における血縁や地縁に基づく人々のつながりの希薄化や共同体機能の脆弱化、さらには生活だけでなく生命の危機をもたらす大規模な自然災害の発生など、人々の生活の安定を揺るがすさまざまな社会問題が各地で生じている。

　そのような社会状況の中で、人々や家族、世帯が抱える生活課題や生活問題は多様化・複雑化し、また一つの家族や世帯で同時に複数の課題を抱える複合化、さらには問題の長期化の状況もある。貧困や障害、地域における孤立、介護や子育てなどの家族のケア、就労や就学、住まいなどをめぐる複数の困難が、個人や家族あるいは世帯ごとに、同時期に複雑にからみ合っている状況である。また、既存の福祉制度やサービスの中だけでは対応できない、いわゆる「制度の狭間」の問題といわれる困難状況を抱える人々もいる。

　例えば、ひとり暮らしの住民が誰にも看取られずに亡くなる孤立死、いわゆる「ごみ屋敷」といわれるような地域から排除されて社会的に孤立した状態にある人々、「8050問題」とよばれる80代の高齢の親と50代の働いていない子どもの世帯が抱える生活問題、高齢の親の介護と育児とを同時期に担うダブルケアの問題、さらに、若者だけでなく中高年のひきこもりや、18歳未満の子どもが祖父母の介護と病気や障害のある親やきょうだいの世話を同時に抱えて、通学や学業に支障をきたすヤングケアラーの存在も指摘されている。

　このような状況にある人々や家族・世帯に対しては、さまざまな制度やサービス、及び関係職種や関係機関による支援を組み合わせ、連携・協働して、総合的かつ包括的に、そして継続的に対応していくことが求められる。なかには、生活困難状況の中にあっても、自ら支援を求めることなく、また専門職や地域住民等からの支援を拒む人もいる。このような場合は、本人からのサービス利用の申請や支援機関への来所を待つのではなく、支援者・支援機関のほうから積極的に出向いて必要な支援につなげていく、あるいは社会との接点をもてるようにしていく**アウトリーチ**による実践が求められる。

＊2
本双書第10巻第1章第2節1（1）参照。

　さらに今日では、人々の価値観やライフスタイル、性的指向や性自認の多様化も見られる。また、日本で暮らす外国人も増加しており、夫婦や家族のあり方も多様化している。人々の尊厳が守られる社会とは、このような人々の多様性が尊重される社会であるといっても過言ではない。しかしながら、現実には社会的な排除の構造や周囲の差別意識による悩みや苦しみを抱えるマイノリティの人々がいる。そのような状況の中で、安定した主体的な生活が脅かされる人々もいる。ソーシャルワークは、人々の尊厳が侵される状況に徹底して抗い、そこで暮らす誰もが尊厳を守られる地域や社会づくりに向けて機能しなければならない。さまざまな社会的な要因を背景とする生きづらさや生活のしづらさを抱える人々の生活を支え、その尊厳を守るソーシャルワークがさまざまな場所で求められている。

３ 地域共生社会の実現とソーシャルワークの課題

（1）地域に根差したソーシャルワークの展開
　ソーシャルワークとは、何らかの生活問題を抱える人々に対するアプ

ローチと、人々が暮らす地域や人々を取り巻く社会環境へのアプローチとの両方を、一体的に行う営みである。すなわち、当事者である個人や家族への直接的な支援にとどまらず、地域のあり方の変化や社会環境の改善をも視野に入れたはたらきかけを行うことにその特徴がある。

　そして今日、人々の生活を取り巻く社会状況の変化と、その中で生じるさまざまな生活問題は、ソーシャルワークがますます求められていることを示している。貧困や社会的孤立の問題だけでなく、子どもや高齢者への虐待、DV（ドメスティック・バイオレンス）などの家族関係の中での暴力、過労死や自殺などが社会問題となる現代社会は、人々がさまざまな事情で追い詰められ、いつ誰がそのような状態になってもおかしくない社会であるといえる。

　言い換えれば、人間らしい生活とは何か、本当の豊かさとは何かが、あらためて問われている時代である。そのような時代の中で、何が人々の生活問題をもたらしているのかへの問いと、人々の生活の場や環境としての地域や社会はどうあるべきかへの問いとの双方をつなぐことから、人々の日々の生活を支える支援と地域や社会の変化を促す活動を見出して実践するソーシャルワークへの期待は大きい。

　今日求められるソーシャルワークのあり方とは、何かの制度に基づく特定の分野や領域の中だけで、あるいは特定の対象者が想定された制度のもとだけで実践されるソーシャルワークではない。分野横断的・領域横断的・制度横断的に実践される、総合的かつ包括的な生活支援、地域に根差した支援として展開されるソーシャルワークである。それは、生活困難を抱える個人や家族、世帯への支援から、住民同士が互いにつながり、支え合う地域づくり、さらにはさまざまな生活問題を生み出す社会構造的な要因へとまなざしを向けて、社会変革を志向する実践である。そして、そのようなミクロからメゾ、マクロレベルに至る実践のあり方を描いて、関係する人々と連携・協働して具現化するソーシャルワーカーとしての社会福祉専門職の存在とそのはたらきなのである。

　ソーシャルワークは、その時代の社会の中で生きる人々とともにあり、さまざまな生活困難を抱える当事者が、生きて生活する状況とその現実に寄り添ったものでなければならない。ソーシャルワークやソーシャルワーカーに存在意義や役割を与えるのは、生きづらさや生活のしづらさを抱える当事者であり、その現実的な生活状況であり、人々が暮らす場としての地域や社会環境である。当事者や地域住民に対して何をなし得るかということに、ソーシャルワークのあり方の基準が置かれなければ

ならない。

　そのためには、前述したような生活問題が地域で起こる時代の中で、地域で暮らす人々の日常に、そして当事者の生活とその困難状況に、ソーシャルワークがしっかりと結び付いたものとなっているかどうかが重要である。ソーシャルワークとは、人々が暮らす地域とそこでの生活に根差した実践であり、かつ当事者や地域住民の側からの視座で展開する実践であることによって、初めて意味をもつものなのである。

（2）地域で働く社会福祉士や社会福祉専門職への期待

　平成29（2017）年2月7日に厚生労働省が発出した「『地域共生社会』の実現に向けて（当面の改革工程）」では、今後の日本社会がめざす姿としての「地域共生社会」について、以下のように記されている。

> 　「地域共生社会」とは、制度・分野ごとの『縦割り』や「支え手」「受け手」という関係を超えて、地域住民や地域の多様な主体が『我が事』として参画し、人と人、人と資源が世代や分野を超えて『丸ごと』つながることで、住民一人ひとりの暮らしと生きがい、地域をともに創っていく社会を目指すものである。

　「地域共生社会」とは、人々が多様な形で地域や社会とつながり、地域や社会の一員として包摂され、さまざまな活動への参加が保障され、相互に支え合う関係の中で、自分らしく生きることのできる地域や社会のあり方である。いわば、そこで暮らす誰もが排除しない・されない、孤立しない・させない地域であり、同時に地域の活性化や新しい地域活動の創出の可能性にも満たされた地域の姿である。

　そして、平成30（2018）年3月27日には、厚生労働省に設置された社会保障審議会福祉部会福祉人材確保専門委員会が、「ソーシャルワーク専門職である社会福祉士に求められる役割等について」を発表した。その報告書では、社会福祉士を「ソーシャルワーク専門職」であるとして、国家資格である社会福祉士の現状や社会福祉士を取り巻く状況の変化の分析をふまえて、これからの社会福祉士への期待や担うべき役割、また養成のあり方やカリキュラム内容等について記している。

　その中でも、「地域共生社会」の実現に向けた役割として、例えば以下のような記述がある。ここには、社会福祉士がソーシャルワーク機能を発揮することが地域共生社会の実現につながるとされ、そのためには地域住民と協働すること、また多職種・多機関との連携や協働、及びそ

のような体制を構築していくことの必要性が指摘されている。

○地域共生社会の実現に向けた各地での取組を見ると、社会福祉士が中心と
なって、地域住民等と協働して地域のニーズを把握し、多職種・多機関と
の連携を図りながら問題解決に取り組み、必要な支援のコーディネートや
地域住民が主体的に取り組んでいる活動の支援等を行っている事例もあり、
ソーシャルワークの機能を発揮する人材である社会福祉士が活躍すること
で、地域づくりの推進が図られている。
○人々が様々な生活課題を抱えながらも住み慣れた地域で自分らしく暮らし
ていけるよう、地域の住民や多様な主体が支え合い、住民一人ひとりの暮
らしと生きがい、そして、地域を共に創っていく「地域共生社会」の実現
に向けて、①複合化・複雑化した課題を受け止める多機関の協働による包
括的な相談支援体制や②地域住民等が主体的に地域課題を把握して解決を
試みる体制の構築を進めていくことが求められており、それらの体制の構
築を推進していくに当たっては、社会福祉士がソーシャルワークの機能を
発揮することが期待されている。

　地域共生社会の実現のためには、福祉や医療、看護、保健や教育など
の専門職が相互に分野横断的・業種横断的な連携と協働の体制を築くこ
と、すなわち総合的で包括的な支援体制の構築が求められる。それは地
域住民やさまざまな専門職、行政を含めたさまざまな関係機関、組織や
団体がネットワークを形成し、それぞれの役割を発揮する仕組みである。
　そして、人々が抱える生活問題が多様化、複雑化そして複合化する現
代は、このような総合的・包括的な支援体制の構築は喫緊の課題であり、
社会福祉士に限らず、社会福祉専門職全体が共有して取り組むべき課題
であると考える。地域で働く社会福祉士や精神保健福祉士はもちろんの
こと、保育士や介護福祉士も含めた社会福祉専門職全体が、それぞれの
実践現場を基盤にして、その専門性や対象とのかかわりに応じた、多様
な「ソーシャルワーク機能」を発揮することが必要なのである。そのた
めにも、ソーシャルワークを、さまざまな社会福祉の仕事とそれを担う
専門職を横断する共通言語や共有概念にしていかなければならない。

📖 BOOK 学びの参考図書

● 井出英策・柏木一惠・加藤忠相・中島康晴『ソーシャルワーカー−「身近」を革命する人たち』筑摩書房、2019年。

　人間の尊厳と権利が守られ、誰もが安心して生きられる社会の実現のためのソーシャルワークとソーシャルワーカーのあり方が示される。ソーシャルワークの最前線がここにある。

● 木下大生・藤田孝典『知りたい！ソーシャルワーカーの仕事』岩波書店、2015年。

　「知っているようで知らない」ソーシャルワーカーの仕事と、その実践や基礎となる考え方について、簡潔にわかりやすく紹介している。

第2節　ソーシャルワークの定義と機能

1　ソーシャルワーク(Social Work)とは何か

（1）人々の生活や地域における「社会福祉」の実現

　ソーシャルワークとは、一般的に社会福祉の支援活動及びその方法や技術の体系といわれる。「社会福祉」という言葉は、「社会全体の幸福」を表すが、そのことは、「社会の中で、社会の一員としての個人の福祉、一人ひとりの福祉（幸福）が実現され、保障される状態」を意味する。言い換えれば、社会の中で暮らす誰もが、その社会や暮らしの場である地域の一員として、地域の中で排除されたり孤立したりすることなく、家族や友人、職場や地域の人々などとのつながりの中で、自分らしい安定した生活を営むことである。

　また、社会福祉は、それが使われる文脈によっても意味が異なってくる。思想や理念を表す言葉として使われることもあれば、社会福祉に関係する法制度、あるいは介護や保育などの具体的なサービスの意味で使われることもある。さらに、ソーシャルワークなどの実践や支援活動を表す言葉としても使われる。いずれにしても、「社会の中での社会の一員としての個人の福祉」の実現と保障のためには、社会福祉の思想や理念、法制度とサービス、そして実践のどれもが欠かせないものである。

　日本の社会福祉の基本となる考え方を示すものとしては、日本国憲法第25条があげられる。「すべて国民は、健康で文化的な最低限度の生活を営む権利を有する」とされる第1項は、人々の「生存権」を国が保障するという理念を謳（うた）ったものである。同条の第2項「国は、すべての生活部面について、社会福祉、社会保障及び公衆衛生の向上及び増進に努めなければならない」では、すべての国民に対してこの権利を保障するべく、国の責任としてその体制を整備しなければならないことも規定されている。社会福祉は何より、誰もが人間らしく生きるという当然の権利を、あくまでも社会的に保障し、尊重するものでなくてはならない。

　その他、社会福祉において重要な憲法の条文としては、「国民は、すべての基本的人権の享有を妨げられない」として「基本的人権の永久不可侵性」を示した第11条や、「すべて国民は、個人として尊重される。

生命、自由及び幸福追求に対する国民の権利については、公共の福祉に反しない限り、立法その他の国政の上で、最大の尊重を必要とする」とされた「個人の尊重」と「幸福追求権」を示した第13条があげられる。このような憲法で示された考え方に基づいて、さまざまな社会福祉関係の法律や制度、サービス、そしてソーシャルワークを含む社会福祉が成り立っている。

　さらに、日本の社会福祉事業・社会福祉サービスの基盤となる法律として、「社会福祉法」があげられるが、その目的には、福祉サービス利用者の利益の保護及び地域福祉の推進を図り、社会福祉の増進に資することとされている。また第3条には、福祉サービスの基本的理念として、「福祉サービスは、個人の尊厳の保持を旨とし、その内容は、福祉サービスの利用者が心身ともに健やかに育成され、又はその有する能力に応じ自立した日常生活を営むことができるように支援するものとして、良質かつ適切なものでなければならない」と規定されている。ここにあげられている「利用者の利益の保護」や「地域福祉の推進」そして「個人の尊厳の保持」などは、社会福祉とその実践としてのソーシャルワークの根底に据えるべき思想や理念である。ソーシャルワークは、人々の日常生活の中で、また人々の暮らしの場としての地域で、そして社会全体の中での、「社会福祉」の実現をめざすさまざまな実践とその方法なのである。

（2）個人と社会環境との一体的な把握とはたらきかけ

　ソーシャルワークは、その対象となる人々が抱えるさまざまな生活問題や困難状況を、あくまでも周囲の社会環境との関係の中で把握する。そして、生活問題を抱える当事者だけでなく、周囲の社会環境をも視野に入れて、当事者である個人や家族への支援と同時に、社会環境の改善に向けたはたらきかけも行う。すなわち、人とその人を取り巻く社会環境とを一体的に把握しながら、両者の関係を見据えた支援やはたらきかけを特徴とする営みがソーシャルワークである。

　ここでいう「社会環境」とは、具体的には個人を取り巻く家族や友人、近隣住民などの人々、学校や職場、役所や病院、商店などのさまざまな場所、さまざまな制度やサービス、あるいは地域全体などを総称して表す。さらには、具体的な人や場所以外でも、社会の動きや文化、人々の意識や価値観、地域の慣習や生活習慣、世論なども意味する言葉である。人は誰でも自分を取り巻く社会環境との関係の中で暮らしている。それ

ゆえに、誰かの生活状況を知るためには「その人自身」と「その人を取り巻く社会環境」及び両者の相互関係を見ること（個人と社会環境との関係性への一体的な視点）が必要なのである。

　ソーシャルワークは、人々の生活問題や生活困難状況を生み出す社会環境への視点とはたらきかけを重視するが、それは人々が抱える生活問題の背景には、人々の生活にさまざまに影響を与えている社会環境の問題があるからである。すなわち、人々の生活に問題や困難状況を生じさせる社会環境にはたらきかけて改善することがなければ、問題の抜本的な解決や困難の解消には至らない。人々が生活問題や困難状況を抱えるに至った背景、すなわちそれらを生じさせる社会環境的な要因を見極めるとともに、そのような生活問題や困難状況を生じさせない社会環境の整備や調整に努めることが、ソーシャルワークが担う役割である。

　例えば、高齢者の介護に関していえば、人口の高齢化や平均寿命の延びに伴って要介護高齢者や認知症高齢者の数が増大しているが、それとともに重視するべきは介護する家族の高齢化である。双方の共倒れを防ぐためにも、要介護高齢者への支援はもちろんのこと、家族の身体的・精神的負担の軽減を図るために家族を支援する仕組みなどの社会環境の整備が必要である。また、子育て支援についても、就労と子育ての両立の支援、さまざまな相談体制の整備や子育てサークル等の活動の充実、地域における子育て支援のネットワークづくりなどを通して、安心して子どもを生み育てることができる社会環境の整備が求められている。

　ソーシャルワークは、何らかの生活問題や困難状況を抱える人々にかかわりながら、同時にその問題状況の背景にある社会環境に対して、整備や調整を通して改善を図ることで、人々の生活全体を支援していく営みである。このような「個人と社会環境」との両方及びその関係（相互作用）を一体的にとらえる視点とその視点に基づく支援のあり方こそ、ソーシャルワークの実践や方法全体を貫くものである。そして、医療や臨床心理あるいは教育などの分野とは異なるソーシャルワークの独自性や固有性、そして専門性もここにあるといえる。

2 ソーシャルワークの定義

（1）ソーシャルワーク専門職のグローバル定義

　今日ソーシャルワークは世界各国で展開され、ソーシャルワーカーやソーシャルワーク教育機関の国際的な組織もある。前者については「国

際ソーシャルワーカー連盟（International Federation of Social Workers：IFSW）」、後者は「国際ソーシャルワーク学校連盟（International Association of Schools of Social Work：IASSW）」がそれぞれ代表的な組織である。

そして、2014年7月にオーストラリアのメルボルンで開催されたこの2団体の総会で、「**[3] ソーシャルワーク専門職のグローバル定義**」が採択された。内容は以下に示すとおりであるが、これが現在のソーシャルワークを説明する国際的な定義である。

> ソーシャルワークは、社会変革と社会開発、社会的結束、および人々のエンパワメントと解放を促進する、実践に基づいた専門職であり学問である。社会正義、人権、集団的責任、および多様性尊重の諸原理は、ソーシャルワークの中核をなす。ソーシャルワークの理論、社会科学、人文学および地域・民族固有の知を基盤として、ソーシャルワークは、生活課題に取り組みウェルビーイングを高めるよう、人々やさまざまな構造に働きかける。
>
> この定義は、各国および世界の各地域で展開してもよい。

この定義に示されている「社会変革」「社会開発」「社会的結束」「エンパワメント」そして「解放」という言葉は、ソーシャルワークの特徴を表す重要な言葉であり、これらを現実的に促進することは、ソーシャルワークの中核となる業務である。ソーシャルワークは、誰もが社会の一員であり、地域で暮らす一人の住民として、その尊厳が守られ、権利が尊重され、差別や抑圧、また排除されることなく過ごせる社会を実現するための活動を担う。そして、そのような社会のあり方が、制度や政策的な側面においても重要視されるように求めることで、人々の自由で主体的な生活が支えられるための環境整備に努めるのである。

また、この定義の中にある「**社会正義**」「**人権**」「**集団的責任**」「**多様性尊重**」とはソーシャルワークの基盤となる原理・原則を表す言葉である。社会正義や人権は、ソーシャルワークの存在意義にかかわる言葉であり、その実現と擁護の営みがソーシャルワークであるといっても過言ではない。そして多様性の尊重とは、多様な人々の存在の尊重、すなわち誰もが社会を構成する一員として尊重され、差別や排除されることなくその尊厳が守られる状態の実現をソーシャルワークがめざすということである。

そして、集団的責任とは、自分が暮らす地域や所属する場所に対して、人々がお互いに責任をもつということであり、そこが一人ひとりを大切

*3
国際ソーシャルワーカー連盟（IFSW）総会及び国際ソーシャルワーク学校連盟（IASSW）「ソーシャルワーク専門職のグローバル定義」（社会福祉専門職団体協議会・日本社会福祉教育学校連盟による日本語訳及び日本語定義）2015年2月13日。

にする地域や場所であるように人々が互いに協力しなければならないことを意味する。個人の権利は最大限に尊重されつつも、それが他者の権利を侵害することのないよう、集団の一員としての責任が、それを構成する個人にはあるということである。そして、このような社会のあり方をソーシャルワークが促進することによって、個人の権利が日常生活レベルで実現されるというものである。

　さらに、このグローバル定義では、ソーシャルワークは「学問」であるとされている。人間と社会との両方に広く関係するソーシャルワークの研究では、さまざまな社会科学・人間科学の知が活用される。加えて、それぞれの国や地域の伝統的な文化や、民族に共有されているさまざまな固有の知が、ソーシャルワークの理論を豊かにかつ手厚くするのである。そして、定義の中に「人々やさまざまな構造に働きかける」とあるように、ソーシャルワークは人々とその生活状況に影響を及ぼす社会的・経済的な状況や、さらには政治的な状況も含めた社会構造にまで視野を広げてはたらきかける。このことは、ソーシャルワークが、人とその生活を取り巻く環境への一体的なかかわりを通して、人々の「**ウェルビーイング**」、すなわち生活の安定や豊かさを支援する営みであることを意味している。

（2）グローバル定義の日本における展開

　「ソーシャルワーク専門職のグローバル定義」の中には、「地域・民族固有の知を基盤として」という言葉があり、さらに「この定義は、各国および世界の各地域で展開してもよい」とされている。これは、その国や地域で暮らす人々の生活の現実や社会のあり方にかかわる営みとしての、まさにその時代にその場所で生きる人々の生活とともにあるソーシャルワークへの理解を主張したものであるといえる。これを受けて、平成29（2017）年には、この定義の「**ソーシャルワーク専門職のグロー[*4]バル定義の日本における展開**」が**表1-1**のように示された。

　ソーシャルワークは、生活困難を抱える一人ひとりのウェルビーイングの増進への支援と、そのような生活困難を生み出す地域や社会の環境の改善、すなわち社会変革や社会的包摂[*5]の実現のためのはたらきかけを行う。つまり、人権の尊重と誰もが自分らしい生活を営む権利の視点に根差した、ミクロ・メゾ・マクロレベルの活動が、相互に重なり合い、ダイナミックに連動するのがソーシャルワークの実践である。そして、そのようなソーシャルワークを日本でどのように展開していくのかが問

*4
平成29（2017）年3月から6月における日本ソーシャルワーカー連盟構成4団体（日本ソーシャルワーカー協会、日本医療社会福祉協会〈現 日本医療ソーシャルワーカー協会〉、日本精神保健福祉士協会、日本社会福祉士会）及び日本社会福祉教育学校連盟（現 日本ソーシャルワーク教育学校連盟）の総会において採択された。

*5
社会的包摂（ソーシャルインクルージョン：social inclusion）とは、すべての人々を差別や排除の対象とすることなく、社会の構成員として包摂するという考え方。ヨーロッパ諸国における移民労働者に対する社会的排除（ソーシャルエクスクルージョン）の改善を求めた福祉政策の理念である。

〈表1−1〉 ソーシャルワーク専門職のグローバル定義の日本における展開

> 　日本におけるソーシャルワークは、独自の文化や制度に欧米から学んだソーシャルワークを融合させて発展している。現在の日本の社会は、高度な科学技術を有し、めざましい経済発展を遂げた一方で、世界に先駆けて少子高齢社会を経験し、個人・家族から政治・経済にいたる多様な課題に向き合っている。また日本に暮らす人々は、伝統的に自然環境との調和を志向してきたが、多発する自然災害や環境破壊へのさらなる対応が求められている。
> 　これらに鑑み、日本におけるソーシャルワークは以下の取り組みを重要視する。
> ●ソーシャルワークは、人々と環境とその相互作用する接点に働きかけ、日本に住むすべての人々の健康で文化的な最低限度の生活を営む権利を実現し、ウェルビーイングを増進する。
> ●ソーシャルワークは、差別や抑圧の歴史を認識し、多様な文化を尊重した実践を展開しながら、平和を希求する。
> ●ソーシャルワークは、人権を尊重し、年齢、性、障がいの有無、宗教、国籍等にかかわらず、生活課題を有する人々がつながりを実感できる社会への変革と社会的包摂の実現に向けて関連する人々や組織と協働する。
> ●ソーシャルワークは、すべての人々が自己決定に基づく生活を送れるよう権利を擁護し、予防的な対応を含め、必要な支援が切れ目なく利用できるシステムを構築する。
>
> 　「日本における展開」は「グローバル定義」及び「アジア太平洋地域における展開」を継承し、とくに日本において強調すべき点をまとめたものである。

（出典）日本ソーシャルワーカー連盟「ソーシャルワーク専門職のグローバル定義の日本における展開」

われているのである。

　確かにソーシャルワークには、人間の生活を支援して社会環境を改善していく活動及び方法として、時代や国を超えた普遍的な側面がある。一方でソーシャルワークが人々の生活にかかわるものである以上、具体的な実践やその方法のあり方には、その時代のその国の社会状況や文化的状況、また人々の生活様式や生活習慣に応じた独自で固有な側面もある。日本におけるソーシャルワークの発展には、その両者を見極めていく作業が必要である。日本の人々の生活やそれを取り巻く社会環境を見据えながら、その生活上に生じるさまざまな困難や問題に向き合い、現代の日本社会に生きる人々とともにあるソーシャルワークのあり方を問い続けていかなければならない。

3 今日のソーシャルワークに求められる機能

（1） 人々の生活と地域を支える機能

　人は自分の人生を生きていく過程で、進学、就職、子育てや親の介護、また自らの病気や心身の不調など、さまざまな生活課題に直面する。そして、そのような生活課題が自らの力で、また家族の力だけでは解決で

きないとき、それは生活を営む上での問題、すなわち生活問題となる。

　例えば、軽度の認知症を患っているためにゴミ出しのルールがわからず地域から孤立しているひとり暮らしの高齢者、地域に相談できる相手がいないままに孤立した育児や介護を強いられている親や家族、幼い子どもを抱えてパートタイムの仕事にしか就けずに不安定な収入状態で暮らしている母親、地域や社会との接点をもたないままに長期間のひきこもり状態にある中年男性、障害や精神疾患に対する周囲の偏見や差別により就労やその他の社会参加の機会が与えられない当事者など、地域にはさまざまな生活問題を抱える人がいる。

　そして、このような生活問題が生じる背景には、暮らしを取り巻く社会環境としての地域の状況が関係しており、それは言い換えれば、問題とされる状態が地域のあり方や住民の支えによって改善する可能性があるということである。人々の生活に地域が与える影響は大きく、ソーシャルワークが、地域を視野に入れた実践である必要性はここにある。

　親の介護や子育てで悩んでいても、地域にサービスが十分に整備されておらず、また整備されていたとしてもその情報が得られないままでは、必要なサービスの利用には結び付かない。病気や障害のある人々に対する職場の理解が得られないままでは、たとえ就労してもその職場で働き続けることはむずかしい。認知症に対する地域住民の理解がなければ、住み慣れた地域の一員として、地域に参加して生活し続けるのはむずかしいのである。

　地域で暮らす人々が、必要なサービスの情報を得ることができ、かつ必要なときに利用できるように、情報提供やサービスの調整等の仕組みを開発すること、また住み慣れた場所で誰もが孤立することなく、安心して暮らしていける地域づくりのためのはたらきがソーシャルワークの機能として求められている。また、今日の複雑化、多様化そして複合化する生活問題に対しては、地域における福祉や医療、介護その他の多様な職種や関連機関や施設、行政やさまざまな民間団体、また多様な業種が互いに連携・協働して取り組むことが必要である。そのような地域の多職種、多機関、多業種のネットワーク形成をはたらきかけていくこともソーシャルワークに求められる機能である。

　当事者や家族が抱える生活問題を、個人や家族の責任とするのではなく、その人々が暮らす地域や環境、すなわち人々を取り巻く社会的状況との関係の中で把握すること。そして当事者とその世帯や家族全体を支援するとともに、地域や環境、社会的状況の改善や変化を求めてはたら

きかけること。そのために、その地域で暮らす主体としての住民、そしてさまざまな職種や機関、業種と協働して取り組むことが必要である。個人や家族への支援から地域へのはたらきかけなど、ミクロレベルからメゾ・マクロレベルに至る機能の発揮が、今日のソーシャルワークに求められている。

（2）地域共生社会の実現とソーシャルワーク機能の創造と開発

　平成30（2018）年3月に、厚生労働省社会保障審議会福祉部会福祉人材確保専門委員会が発表した「ソーシャルワーク専門職である社会福祉士に求められる役割等について」は、これからの地域共生社会の実現に求められるソーシャルワークの機能と、そして「ソーシャルワーク専門職」としての社会福祉士が担うべき役割、及びそのような役割を担うことができる社会福祉士養成のあり方等について記されたものである。報告書では、地域共生社会の実現に向けて、社会福祉士がその中核的な役割を担うとともに、「ソーシャルワーク機能を発揮できる実践能力」を身につける必要があるとされている。

　具体的には**表1－2**にあるような、「24のソーシャルワークの機能」があげられており、「包括的な相談支援体制の構築」のための機能と、「地域住民等が主体的に地域課題を把握して解決を試みる体制づくり」のための機能との大きく2つに分けられている。もちろん、社会福祉士が単独でこれらの機能のすべてを発揮することはできないし、また社会福祉士のみが担えばよいというものでもない。保育士や介護福祉士なども含めた社会福祉専門職が、それぞれの業務や役割の中で発揮し、そして創造・開発していくべきソーシャルワーク機能であると考える。期待されるのは、地域住民、多職種や多機関、そして多業種と連携・協働しながら活動する社会福祉専門職による、創造的で開発的、そして継続的なソーシャルワークの実践なのである。

（3）ソーシャルワーク機能の発揮と向上に向けて

　表1－2にあげられている24のソーシャルワーク機能は、今日の社会状況や人々の生活状況、そして地域で生じている新たな福祉課題等に対応したものである。支援が必要な個人や世帯及び課題やニーズを発見する機能、相談者や世帯及び地域の現状把握のためのアセスメントの機能、課題解決のための支援と地域における社会資源の調整・開発の機能、分野横断的な連携・協働による包括的な支援体制を構築する機能、住民主

〈表１－２〉地域共生社会の実現のために求められるソーシャルワークの機能
　　　　　　（24機能）

１．複合化・複雑化した課題を受け止める多機関の協働による包括的な相談支援体制を構築するために求められるソーシャルワークの機能

①地域において支援が必要な個人や世帯及び表出されていないニーズの発見
②地域全体で解決が求められている課題の発見
③相談者が抱える課題を包括的に理解するための社会的・心理的・身体的・経済的・文化的側面のアセスメント
④相談者個人、世帯並びに個人と世帯を取り巻く集団や地域のアセスメント
⑤アセスメントを踏まえた課題解決やニーズの充足及び適切な社会資源への仲介・調整
⑥相談者個人への支援を中心とした分野横断的な支援体制及び地域づくり
⑦必要なサービスや社会資源が存在しない又は機能しない場合における新たな社会資源の開発や施策の改善の提案
⑧地域特性、社会資源、地域住民の意識等を把握するための地域アセスメント及び評価
⑨地域全体の課題を解決するための業種横断的な社会資源との関係形成及び地域づくり
⑩包括的な相談支援体制に求められる価値、知識、技術に関する情報や認識の共有化
⑪包括的な相談支援体制を構成するメンバーの組織化及びそれぞれの機能や役割の整理・調整
⑫相談者の権利を擁護し、意思を尊重する支援や方法等の整備
⑬包括的な相談支援体制を担う人材の育成に向けた意識の醸成

２．地域住民等が主体的に地域課題を把握し、解決を試みる体制を構築するために求められるソーシャルワークの機能

⑭潜在的なニーズを抱える人の把握、発見
⑮ソーシャルワーカー自身が地域社会の一員であるということの意識化と実践化
⑯地域特性、社会資源、地域住民の意識等の把握
⑰個人、世帯、地域の福祉課題に対する関心や問題意識の醸成、理解の促進、福祉課題の普遍化
⑱地域住民が支え手と受け手に分かれることなく役割を担うという意識の醸成と機会の創出
⑲地域住民のエンパワメント（住民が自身の強みや力に気付き、発揮することへの支援）
⑳住民主体の地域課題解決体制の立ち上げ支援並びに立ち上げ後の運営等の助言・支援
㉑住民主体の地域課題解決体制を構成するメンバーとなる住民や団体等の間の連絡・調整
㉒地域住民や地域の公私の社会資源との関係形成
㉓見守りの仕組みや新たな社会資源をつくるための提案
㉔「包括的な相談支援体制」と「住民主体の地域課題解決体制」との関係性や役割等に関する理解の促進

（出典）厚生労働省社会保障審議会福祉部会福祉人材確保専門委員会「ソーシャルワーク専門職である社会福祉士に求められる役割等について」平成30（2018）年３月27日、６～７頁（表中番号は著者加筆）

体の地域課題解決体制の構築及び運営を促進する機能、そして包括的な相談支援を担う人材育成の機能があげられている。

　さらに、ソーシャルワークには、これらの機能以外にも、あるいはこれらの機能と連動して発揮されるさまざまな機能がある。例えば、社会福祉事業を行う法人や事業所、施設や機関を管理・運営する機能や、そこで働く職員を研修やスーパービジョン等で指導し育成する機能がある。ほかにも、地域住民に対して、さまざまな制度やサービス等に関する情報をわかりやすく提供する機能や、生活問題を抱える当事者の人々が排除されない地域であるために、住民の理解を促す機能もある。さらに、

＊6
本双書第10巻第４章第２節参照。

地域の福祉課題の把握を目的とした住民対象の調査の実施や、そのような調査に基づいた必要なサービスの整備等についての計画の策定なども、地域福祉推進を担うソーシャルワークの重要な機能である。

　ソーシャルワークは、既存の法律や制度に基づいて何らかのサービスを提供するだけの活動ではない。これまでに述べてきたさまざまな機能を発揮しながら、人々の尊厳や権利が侵されている状況に抗い、その状況に変化を促しながら、人々の生活の場としての地域を、地域住民とともに守り、支えていく営みである。そのためにも、ソーシャルワークが展開されるその先にある、地域や社会のあるべき姿を見据えつつ、機能の発揮と向上のための絶えざる努力を手放してはいけない。

　そして、いうまでもなくソーシャルワークは、社会福祉専門職である「人」が行う営みである。したがって、ソーシャルワークがその機能をいかに発揮するかという課題は、それを担う人であるソーシャルワーカーの養成にかかわる課題ともなる。将来、社会福祉士や精神保健福祉士、さらには介護福祉士や保育士をめざす学生や人々が、広くソーシャルワーク専門職として、地域に根差した確かなソーシャルワーク実践を行う能力を獲得し、育むことが期待される。そのためには、例えば実習等で実際に地域に出向き、地域住民や地域で活動する専門職から体験的に学ぶ機会が欠かせない。いわば、地域全体でソーシャルワーカーを養成し、育成することが求められている。地域で育ったソーシャルワーカーが、地域で働き、上述したソーシャルワーク機能を発揮していくことで、「包括的な相談支援体制」と「住民主体の地域課題解決体制」の構築や整備の一体的な推進が実現していくのである。

📖 **BOOK 学びの参考図書**

● 空閑浩人『ソーシャルワーク論（シリーズ・福祉を知る2）』ミネルヴァ書房、2016年。

　ソーシャルワークを初めて学ぶ人向けに書かれた入門書。ソーシャルワークとは何かということやソーシャルワーカーの仕事について、平易な言葉でわかりやすく説明している。

● 鶴　幸一郎・藤田孝典・石川久展・高端正幸『福祉は誰のために－ソーシャルワークの未来図』へるす出版、2019年。

　「福祉」とは何か、ソーシャルワークやソーシャルワーカーは今何をしなければいけないのかを、あらためて考えさせられる一冊。「希望ある未来」に向けたメッセージが伝わる。

第3節 総合的かつ包括的な支援の意義と内容

1 総合的かつ包括的な支援が必要とされる背景

（1）生活問題の多様化・複雑化・複合化の状況

　私たちは個人としても家族としても、法律や制度に合わせて行動したり、物事を判断したりしながら日々を生きているわけではない。例えば、この生活課題については教育制度、この課題については介護保険制度、この課題については医療保険制度などと、自分や家族の生活に生じる課題の、どの部分がどの制度の対象となるのかを意識して、課題を切り分けたり、仕分けしたりしながら生活しているわけではない。個人や家族としての多様な社会関係と日々の生活の連続性の中で、さまざまな出来事や課題の経験と、それらの相互の連関や重なりを通して、いわば全体としての個人や、全体としての家族を日々生きている。生活課題とは、そのような全体の脈絡の中で生じ、他の生活課題とも影響を及ぼし合って、個々に異なる多様な形で個人や家族に経験されるのである。

　そもそも人間の生活という営み自体が、さまざまな人や場所などの関係の上で成り立つもの、すなわち多様な社会関係に開かれたものであり、全体的で総合的な営みなのである。したがって、個人が抱える何か一つの困難から別の新たな困難が派生することがあり、家族の中の一人の困難が他の誰かの困難をもたらすことがある。そして、その困難状況も個人や家族によって異なる現れ方をし、それぞれに多様さ、複雑さを帯び、複数の課題を同時に抱えるということも起こり得るのである。今日のソーシャルワークの実践現場では、このような多様化、複雑化、そして複合化する生活問題への対応として、社会福祉の法制度の枠内にとどまらない支援のあり方が求められている。

　例えば、子どもの不登校に着目した場合、確かにその背景にはいじめや教師との関係など、学校における要因が考えられる。しかしその子どもの家庭に目を向けた場合に、病気の親の代わりに認知症の祖父母の介護や、障害のあるきょうだいの世話に追われていることがあるかもしれない。また、親が多くの負債を抱えている、あるいは就労が安定しない

など、家庭が生活困窮の状態にあることで、持ち物その他で同年代の子どもと比べて多くの我慢を強いられているかもしれない。さらには、ネグレクトなどの虐待の可能性があるかもしれない。結果、学校を休みがちになり、同級生とも疎遠になり、学力が低下するということにもなる。それだけでなく、非行や犯罪に巻き込まれることも起こり得る。

　このように、個人や家族のそれぞれが抱える生活問題が、単独で発生して存在するというのではなく、複数の課題が同時並行的に発生し、かつ相互につながって影響を及ぼし合い、そして連鎖するというような状態である。そして、このような状態に対しては、子どもの不登校や非行、親の病気の治療、債務整理や就労、祖父母の介護、障害のあるきょうだいの世話、家庭の貧困の問題などの課題を分割し切り離して、それぞれに対応する教育や福祉、保育その他の制度をもって、個別に対応するということには限界がある。なぜなら、繰り返しになるが、それらの課題は互いに密接にからみ合っているため、そのうちのどれかを切り離して対応したとしても、その生活問題の本質的な解決には至らないからである。何らかの生活困難状況にある個人や家族への支援にあたり、生活全体への視点に基づく状況把握を基盤に、総合的かつ包括的な対応が求められる理由がここにある。

　さらに、個人や家族、世帯の生活全体を視野に入れた支援は、当然ながらそれらの人々が暮らす地域をも視野に入れたものとなる。個別支援と地域支援との連動の必要性もここにある。今日の生活問題の多様化、複雑化、複合化の中で、総合的かつ包括的な生活支援としてのソーシャルワークとそのようなソーシャルワークが地域で展開できる仕組みづくりが必要である。

（2）生活困窮者に対する総合的・包括的な支援の展開

　総合的かつ包括的な支援の展開の一例として、ここでは、生活困窮者への支援を取り上げて述べていくことにする。生活困窮者への自立支援という言葉からは、経済的に困窮状態にある人々への就労に向けた支援という印象がもたれやすい。しかし、経済的な困窮状態の背景には、多様で複雑かつ複合的な生活困難を抱えていることが多くある。そのような場合は、背景にある生活困難状況、すなわち当事者が抱えている生きづらさへの理解とアプローチが必要であり、それがないままに、とにかく就労につなぐなどの経済的な課題のみへの対応では解決には至らない。

　経済的困窮の背景には、例えば社会的孤立の状態があり、社会的孤立

に至った背景には、例えば会社でのハラスメントや過労によるストレスからのひきこもり、配偶者を亡くして生きる気力を失ったことからのセルフネグレクト状態、持病の悪化で働くことができなくなるなど、多様な要因が存在するのである。さらに、この社会的孤立の問題は、同時に地域住民からの排除、すなわち社会的排除の問題とも重なり合う。それゆえに、個人や家族、世帯への支援だけでなく、その人々が暮らす地域へのはたらきかけ、すなわち個別支援と地域支援の両方が求められるのである。

　平成30（2018）年6月に改正され、10月に施行された生活困窮者自立支援法の第2条及び第3条では、それぞれ生活困窮者に対する自立支援の基本理念及び生活困窮者の定義として以下のように記されている。

（基本理念）
第2条　生活困窮者に対する自立の支援は、生活困窮者の尊厳の保持を図りつつ、生活困窮者の就労の状況、心身の状況、地域社会からの孤立の状況その他の状況に応じて、包括的かつ早期に行われなければならない。
2　生活困窮者に対する自立の支援は、地域における福祉、就労、教育、住宅その他の生活困窮者に対する支援に関する業務を行う関係機関（以下単に「関係機関」という。）及び民間団体との緊密な連携その他必要な支援体制の整備に配慮して行われなければならない。

（定義）
第3条　この法律において「生活困窮者」とは、就労の状況、心身の状況、地域社会との関係性その他の事情により、現に経済的に困窮し、最低限度の生活を維持することができなくなるおそれのある者をいう。

　基本理念では、まず生活困窮者の「尊厳の保持」を図ることが規定されている。そして就労や心身の状況に加えて、「地域社会からの孤立の状況」に応じた支援の必要性があげられている。さらに第3条においても、生活困窮者の定義として、就労や心身の状況に加えて「地域社会との関係性」があげられている。これらは、当事者の地域におけるつながりの喪失、すなわち社会的孤立状態への対応が求められていることを示している。

　また、第2条第2項では、支援においては、さまざまな分野の関係機関や民間団体との緊密な連携や支援体制の整備について規定されている。これは、総合的かつ包括的な支援の実施と支援体制の構築にほかならない。日本では、社会福祉の制度が分野別あるいは対象者別にさまざまに

専門分化され、それに応じて支援機関や施設、事業所が整備されてきた。しかし、今日では既存の制度の対象とならないままに、いわゆる「制度の狭間」に陥り、地域で孤立した人々の存在がある。さらに、分野別・制度別に整備されてきた機関・施設・事業所の間の連携・協働がうまくいかない場合も多くある。

　生活困窮者自立支援法とそれに基づく生活困窮者自立支援制度とは、生活困難を抱えながらも支援につながらない人々に対して、従来の福祉の枠の中に、また特定の分野や制度の枠内にとどまらない、総合的かつ包括的な、そして継続的な支援を実施することをねらいとしたものなのである。したがって、ソーシャルワークのあり方も、従来の福祉の枠内にとどまらず、就労や教育、雇用や住宅などの他の政策分野と積極的に連携しながら、人々や家族、世帯及び地域の状況やニーズに応じた実践を、創造的そして継続的に展開する必要がある。

（3）多職種・多機関・多業種連携とネットワークの形成

　総合的で包括的な支援の展開は、個人や家族に対する場面だけでなく、地域に対する支援においても同様に必要である。地域とは、そこで多様な人々の多様な生活が営まれ、就学、就労、買い物、遊び、習い事、サークル、自治会など、実に多様な社会参加や社会的な活動が行われる場所である。したがって、ソーシャルワークが地域の実態に近づくほど、その地域支援のあり方は、地域全体への視点に基づく、総合的で包括的なものにならざるを得ないのである。

　個人や家族への支援はもちろんのこと、地域への支援においても、多職種・多機関・多業種の連携が必要な理由がここにある。専門分化され整備されてきたさまざまな法制度や機関によるサービスは、それが専ら対象とする身体的な側面や心理的な側面のこと、また生活の一部分や一側面のことには対応できても、全体としての個人や家族の生活を視野に入れたものとはならない。昨今の生活問題の状況から、地域における分野横断的で制度横断的な対応と、そのための多職種・多機関・多業種連携と協働による総合的・包括的支援と、その体制の構築が求められているのである。

　そして、このような支援体制の構築は、地域におけるソーシャルサポートネットワーキングの取り組みとなる。地域に存在する多様な社会資源が有機的につながることによる、地域のサポートネットワークの形成である。ここでいう社会資源とは、人々が社会生活を営む中で活用さ

れるさまざまな情報や制度、サービス、また公的なものや民間の機関や施設、それらの機関や施設で働くさまざまな職種の専門職や地域で活動するボランティア、さらには自治会や学校や公民館あるいはショッピングセンターなどの地域のいろいろな組織や建物、場所などを総称する言葉である。

　大きくは、制度に基づいた社会福祉サービスや施設・機関の職員などのフォーマルなものと、地域のボランティア団体や近隣の人々、または家族などのインフォーマルなものとに分けられる。さまざまな社会資源が相互につながり、連携・協働することで、人々の生活を地域で支えようとするものである。

　また、そのようなネットワークが形成されることで、地域で似たような状況にある人々を見守り、支える仕組みとして機能することにもなる。例えば、ひきこもりや社会的に孤立しているなどの生活困窮状態にある人々の早期発見や困難状況の悪化を防ぐ早期支援にもつながるのである。その意味でも、地域支援のソーシャルワークにおいて、このソーシャルサポートネットワーキングの活動は重要である。

　さらに、ソーシャルワークの重要な役割の一つに、地域における社会資源の開発があげられるが、この「開発」という言葉が意味するのは、例えば何かの新しいサービスや支援プログラムをつくるとか、そのための資金を獲得するとか、何かの団体を立ち上げるなどということだけではない。今地域にあるもの、今地域にいる人々が、ソーシャルワーカーのはたらきかけによってつながり合うことで、大切な社会資源となり得るのである。例えば、縦割りの制度のもとで活動していた職種が相互に連携する、地域にある高齢者福祉施設のホールや会議室を開放して地域の子どもたちのためのイベント等に使う、ソーシャルワーカーが所属する機関や施設と地域住民あるいは地域住民同士がつながる、ひとり暮らし高齢者を近隣住民が見守ってくれる、商店街の人々がサロンや福祉活動に協力してくれるなど、その形は実にさまざまである。

　地域支援とは、地域における多様な社会資源のつながりによる支え合いのネットワークの形成であり、多様な形の連携・協働による総合的・包括的な支援体制の築きである。そしてこのような取り組みを実現していくところに、個別支援と地域支援の実践が連動して展開するソーシャルワークならではの意義や役割、可能性がある。

2 総合的・包括的な支援と地域共生社会の実現

（1）「地域生活課題」への対応と地域住民との協働

　令和2（2020）年に成立した「地域共生社会の実現のための社会福祉法等の一部を改正する法律」に基づいて改正された社会福祉法（令和3〔2021〕年4月施行）第4条には、人々が地域福祉の推進に努めること、及びそれにあたっては、「地域生活課題」の把握と解決を図ることが記されている。

（地域福祉の推進）

第4条　地域福祉の推進は、地域住民が相互に人格と個性を尊重し合いながら、参加し、共生する地域社会の実現を目指して行われなければならない。

2　地域住民、社会福祉を目的とする事業を経営する者及び社会福祉に関する活動を行う者（以下「地域住民等」という。）は、相互に協力し、福祉サービスを必要とする地域住民が地域社会を構成する一員として日常生活を営み、社会、経済、文化その他あらゆる分野の活動に参加する機会が確保されるように、地域福祉の推進に努めなければならない。

3　地域住民等は、地域福祉の推進に当たつては、福祉サービスを必要とする地域住民及びその世帯が抱える福祉、介護、介護予防（要介護状態若しくは要支援状態となることの予防又は要介護状態若しくは要支援状態の軽減若しくは悪化の防止をいう。）、保健医療、住まい、就労及び教育に関する課題、福祉サービスを必要とする地域住民の地域社会からの孤立その他の福祉サービスを必要とする地域住民が日常生活を営み、あらゆる分野の活動に参加する機会が確保される上での各般の課題（以下「地域生活課題」という。）を把握し、地域生活課題の解決に資する支援を行う関係機関（以下「支援関係機関」という。）との連携等によりその解決を図るよう特に留意するものとする。

　ここでいう「地域生活課題」とは、条文によれば、「地域住民及びその世帯が抱える福祉、介護、介護予防（中略）、保健医療、住まい、就労及び教育に関する課題」のほか、「福祉サービスを必要とする地域住民の地域社会からの孤立」や地域住民が「あらゆる分野の活動に参加する機会が確保される上での各般の課題」とされている。地域福祉の推進のためには、支援を必要とする個人だけでなくその「世帯」全体を視野に入れるという点が重要であり、また、住まいや就労、教育、そして孤立や参加など、既存の社会福祉の法制度の枠の中にとどまらない多様な

生活課題への対応が求められているのである。ここで規定された「地域生活課題」への対応が、地域における総合的・包括的な支援としてのソーシャルワークの役割であるといえる。

さらに、条文によれば、社会福祉の事業や活動に携わる者は、「地域住民等」として、地域住民や関係者と相互に協力して、地域福祉の推進に努めなければならないとされ、関係機関とも連携して「地域生活課題」に対応していくことが求められている。今日の地域福祉の推進に必要なことは、個人や世帯が抱える生活問題を、特定の住民に限ったこととしてではなく、地域の課題ととらえ、地域住民全体で共有することである。そして、そのような地域の課題に対して、専門職が一方的に解決を図るのではなく、地域福祉の推進主体であるその地域で暮らす地域住民とともに、協働して取り組むことである。

そしてさらに求められるのは、自分たちが暮らす地域の福祉課題に、地域住民自身が気付いていく仕掛けや場づくり、それに対して創意工夫しながら取り組める条件整備などの支援である。生活問題を抱える人々への支援や地域の課題解決の営みに、地域住民が積極的に参加し、協働できるような仕組みをつくることが必要である。ここでいう「協働」とは、皆が同じことをやるということではない。地域福祉の理念や地域づくりの方向性は共有しながらも、専門職には専門職の役割があり、地域住民には地域住民にしかできないことがたくさんある。それぞれの役割の違いがある中でこそ、連携が意味をもち、互いの役割分担に基づく協働が成り立つという理解が重要である。地域における総合的・包括的な支援とは、専門職による一方的な支援では決してなく、支援が必要な当事者を含めた地域住民の参加を得て実現するものでなければならない。

ソーシャルワークの重要な概念の一つに「**エンパワメント**」[*7]があるが、地域福祉推進のためのソーシャルワークとは、まさに地域住民のエンパワメントの実践であるといえる。住民が、自分たちの地域がもつよさや強さ、魅力や可能性に気付き、それを地域課題の解決や住みよい地域づくりのために活かしていける場や機会、そして環境を、地域住民と協働で築くソーシャルワークの展開である。そして、地域住民が主体となった地域福祉推進の体制や仕組みができることによって、「地域生活課題」の早期発見や支援が必要な人への早期対応が可能になる。つまり、人々の抱える問題の長期化や深刻化を予防する機能も期待でき、誰もが安心して暮らしていける場としての地域づくりにつながるのである。

*7
エンパワメント (empowerment) は直訳すれば「力をつける」という意味の言葉であるが、ソーシャルワークでは、さまざまな事情で無力 (powerless) な状態に置かれた人々が、自らの力に気付くあるいは取り戻すことによって、自らが置かれた状況を変えていけるように支援することをいう。本人主体、利用者主体、住民主体の支援の考え方である。

（2）総合的・包括的な支援とアウトリーチ

　地域における総合的・包括的な支援の実践において、重要な活動の一つにアウトリーチがある。支援機関や事業所の窓口に人々が自ら相談に訪れるのを待つのではなく、支援が必要な人々のもとに、支援者や事業所の側から出向いて、訪問して、はたらきかける支援のあり方である。

　地域には、例えば介護や子育てにおいて、あるいは病気や経済的困窮などの課題や困難を抱えながらも、必要な支援やサービスの利用に至っていない人々がいる。その理由はさまざまである。そもそも支援やサービスに関する情報がなく、それらの存在自体を知らない場合や、知っていたとしても病気や障害で自ら相談窓口に行けない場合もある。自らの現状に対してサービス利用が必要という認識がないままに暮らしている場合や、必要性を感じていても、他人に支援されることやサービス利用への抵抗感がある場合もある。

　このように、生活困難状況にありながらも、さまざまな事情で相談や支援、サービス利用につながっていない人々を発見して、はたらきかけ、地域とのつながりや必要な支援につないでいく取り組みがアウトリーチである。いわゆる「ごみ屋敷」といわれるような状態にある家で暮らす独居の高齢者や、長期にわたるひきこもり状態にある人など、地域で孤立した状態にあり、制度やサービス、そして地域とつながることがむずかしいような生活困窮者への支援においては重要なアプローチである。

　そして、そのような人々の存在に気付き、身近で発見できるのは、何より日ごろから同じ地域で暮らす地域住民である。その意味では、地域住民、専門職、関係機関の間で築かれる地域におけるサポートネットワークの形成が、孤立している人の発見にもつながり、アウトリーチの機能を果たすことにもなる。地域における総合的・包括的な支援は、その仕組みと実践が機能することで、支援が必要な人々の早期発見と早期対応と継続的な支援、さらには生活困難の発生や深刻化を防ぐ予防的な機能を果たすことにもつながるのである。

（3）個別支援と地域支援との連動による地域共生社会の実現

　これまで述べてきた総合的かつ包括的な支援としてのソーシャルワーク、すなわち地域住民及び地域のさまざまな関係職種・機関・事業所等とのネットワークの形成と連携・協働による支援の実践は、地域福祉の推進とそれに基づく「地域共生社会」の実現につながるものである。

　厚生労働省に設置された地域力強化検討会が平成29（2017）年9月に

発表した報告書「地域力強化検討会最終とりまとめ〜地域共生社会の実現に向けた新しいステージへ〜」では、地域における住民主体の課題解決力の強化や地域における支援体制の構築等についての提言がなされている。その報告書には、今日の人々が抱える生活困難の特徴や地域の状況、そして求められる支援のあり方について、以下のような指摘がなされている。

○私たちのまわりの生活を見てみると、深刻な「生活のしづらさ」が増しており、それは私たち自身にも起こっている、もしくは起こり得ることでもある。例えば、様々な問題が同時にいくつも重なったり、家族全員が何らかの課題を抱えたり、ある地域の中で似たような問題が続発したりしている。かつては家族や親戚、隣近所や知人によって支えられていたような困りごとでも、今はひとりで抱え込み、誰にも相談できず解決の糸口が見つからない状況になっている人や世帯があることも事実である。

○基盤となる地域社会そのものは、少子高齢・人口減少社会が進展する中で、自治会・町内会の加入率は減少し続け、地域で課題を解決していくという地域力、あるいはお互いに支え合い共生していけるような地域の福祉力が脆弱になりつつある。それに伴い、家庭の機能も変化しつつある。加えて、雇用など生活をめぐる環境も大きく変化してきている。また、単身世帯の増加により、賃貸住宅への入居時の保証の問題、入院時の対応や看取り、死亡後の対応など成年後見を含め新たな生活支援が求められている。

○地域には、助けを求めることもできず、周囲からも孤立している人や世帯があることも事実であり、地域の中だからこそ相談できないで埋もれてしまうこともある。
　こうした課題は、必ずしも既存の「制度」の中で解決されるわけではない。いわゆる「ごみ屋敷」を例にすると、以前はごみの処理が問題になり、制度の中でどこが対応するかが問われた。しかしこうした課題を抱えた人が共通して社会的孤立の状況にあることが分かってきたことで、支援のあり方は変化している。例えば、相談支援の専門員が、本人に寄り添い信頼関係を築く一方、地域住民が片づけに参加することにより、ごみ屋敷の住人と住民との間に緩やかな関係ができることで、再度孤立に陥ることなく生活することが可能になる。さらにその人の参加の場や役割を持てる場、「働ける」場所を地域の企業や商店街の中に見出すこともできる。そのことにより、本人も支える側にもなり、やがて地域の活性化に向けた担い手にもなる。また、企業や商店街も地域福祉の担い手となっている。
　こうした取組は、「制度」の力ではなく、「人」の力である。

　何らかの「生きづらさ」や「生活のしづらさ」を抱えることは誰にでも起こり得ることであり、個人や一つの家族、世帯で複数の生活問題を同時に抱えるということも発生している。支援が必要な問題を抱えていても、誰にも相談することなく、自ら助けを求めない人々の存在もある。

　一方で、地域に目を向けると、自治会や町内会の加入率の低下とともに、住民がお互いに支え合うような「地域の福祉力」が脆弱化している。地域の中で周囲から孤立している人や世帯もあり、孤立を背景として似たような生活問題を抱える人々がいる。その他、家族機能の変化や雇用をめぐる環境の変化、単身世帯の増加等に伴って新たな課題への対応が必要な状況にある。

　そして、そのような状況の中で、求められる支援のあり方は、生活困難状況にある当事者や家族、世帯それぞれに寄り添って必要なサービスにつなぐなどの個別支援と同時に、それらの人々が地域とつながりをもって、孤立することなく過ごせるように、参加できる場や役割を担える機会を地域につくる支援である。さらに、似たような問題を抱える人々を支える地域のサポートネットワークの形成や、地域住民や地域に存在する多業種との連携・協働による住みよい地域づくりの支援である。

　これらの指摘は、地域における総合的かつ包括的な生活支援とその体制整備、すなわち個人や家族・世帯に対する個別支援と、住民の暮らしを支える地域づくりや地域力の向上のための地域支援との連動が、地域の活性化や地域福祉の担い手の増加、ひいては住民主体の「地域の福祉力」の向上につながるということである。このような意義や目的を備えた総合的かつ包括的な支援が、今日のソーシャルワークのあり方として求められているのである。

3 ジェネラリスト・ソーシャルワークと日本における展開

（1）総合的・包括的な支援とジェネラリスト・ソーシャルワーク

　本章で述べてきた総合的・包括的な支援と今日におけるその必要性の高まりとは、ソーシャルワークの歴史的な文脈においては、1990年代の**ジェネラリスト・ソーシャルワーク**の登場と同じ意味をもつと考える。言い換えれば、欧米におけるソーシャルワークの統合化の議論から生まれて、発展してきたジェネラリスト・ソーシャルワークの日本における展開の形が、地域における総合的かつ包括的な支援ということである。

　ソーシャルワークには、伝統的なケースワーク、グループワーク、コミュニティワークというような、対象別の支援方法や技術の開発を通して発展してきた歴史がある。しかし、社会状況や経済状況の変化の中で、人々が直面する生活問題が多様化・複雑化し、このような従来からの、個人、集団、地域という対象別の枠組みによるソーシャルワークでは対応がむずかしくなってきた。ここからソーシャルワークの統合化に向けた議論も生まれ、**システム理論**や**生態学理論**の考え方がソーシャルワークに取り入れられていくことになる。

　そして、これらのシステムや生態学の考え方を基盤として、多様化・複雑化する人々の生活問題を全体的・包括的にとらえ、それぞれの状況に応じた支援方法を駆使するソーシャルワークのあり方、すなわち多様化・複雑化・複合化する問題に多角的に対応していけるソーシャルワークのあり方として、ジェネラリスト・ソーシャルワークが生まれ、発展してきた。また、今日ソーシャルワークが求められる分野や領域が、医療や教育、司法や労働などと拡大する中で、また必要とされる理論や方法・技術が多様化する中で、ジェネラリスト・ソーシャルワークは、そのようなソーシャルワークの幅の広さや多様性、あるいは創造性や開発性を包括する理論と実践の枠組みとしても位置付けられる。

（2）システム理論や生態学に基づく　　対象理解とストレングスへの視点

　ジェネラリスト・ソーシャルワークの展開過程は、個人や家族及び地域や社会環境を、両者の相互関係の文脈から一体的にとらえる視点に基づいて、支援が必要な個人や家族の生活状況と抱えている困難の状態を全体的に把握することから始まる。そのような対象理解の理論的基盤となるのが、上述したシステム理論や生態学の考え方である。それは、全体の構造とその全体を構成している要素間の相互の関係のあり方と、相互に与えている影響の内容や度合いなどを重視するものである。例えば、全体としての家族と家族を構成する個々人の関係（夫婦関係や親子関係、きょうだい関係など）への視点であり、全体としての地域と地域で暮らす住民同士の関係（近隣関係や町内会や自治会での関係など）への視点などである。

　このような全体と全体を構成する要素間の相互の関係を重視する視点は、ジェネラリスト・ソーシャルワークならではの支援に対する考え方を導く。それは、問題の原因となっている（と思われる）人や出来事な

どを特定して、専らその原因に対するはたらきかけによって問題を解決するという考え方（「**治療モデル**」や「**医学モデル**」）ではなく、問題が発生している状況の全体性と関係する人や場所、出来事などの相互関係を重視して、その関係に介入してはたらきかけることによって問題解決を志向するという考え方（「**生活モデル**」や「**ライフモデル**」）である。例えば、家族や地域の中の誰かや何かを原因として特定し、変化を促すアプローチではなく、家族や地域を構成する人々や出来事などの多様な相互関係の現れとしての問題状況に対する全体的な把握から、その多様な関係にさまざまな介入やはたらきかけを行い、関係のあり方に一体的に変化を生じさせることを通して、総合的に問題の解決を図るという支援である。

　さらに、ジェネラリスト・ソーシャルワークの特徴としては、本人主体や地域主体の支援であること、また本人や地域の**ストレングス**（強み）を見出しながら支援を展開するということがあげられる。人々の生活状況は個人や家族によって異なるものであり、したがって人々が抱える生活問題に対しては、当事者である本人や家族の視点の側からとらえることが重要である。そして、支援者であるソーシャルワーカーは、本人や家族の代わりに問題を解決する存在なのではなく、本人や家族が自らの生活の主体として、そこで生じた問題に対して、自分たちで向き合い、解決していけるように、継続的に支えることを役割とするのである。

　このことは地域への支援においても同様である。一人ひとりまた家族によって生活状況が異なるように、地域にもそれぞれの違いがあり、地域特性がある。そして、地域の主体は、そこで長年暮らしてきた、そして現在暮らしている住民である。地域支援とは、地域の課題を専門家が地域住民に代わって解決することではない。地域住民が、自分たちが暮らす地域の課題として共有し、自分たちが主体となって解決に向けた取り組みを進める、その過程を支えるのが地域で働くソーシャルワーカーとしての社会福祉専門職の役割なのである。解決するのはあくまでも当事者である本人であり、その地域で暮らす住民であるということを忘れてはならない。そのためにも、それぞれに個別性、独自性そして歴史をもった存在や場所としての個人や家族、地域を知ろうとする姿勢がソーシャルワーカーに求められる。

　そしてそのような支援の過程の中で重要となるのが、本人やその家族、そしてその地域がもつストレングス、すなわち強みや力、長所、できること、特色や魅力、可能性などへの視点である。ジェネラリスト・ソー

シャルワークは、支援の対象となる人や家族、地域のストレングスを見出して尊重し、課題の解決にそのストレングスが発揮されるような環境整備や調整を試みながら、人々とともに、協働して課題解決に取り組む過程を歩む支援のあり方なのである。

（3）ジェネラリスト・ソーシャルワークの日本における発展

ソーシャルワークは、その時代の社会状況や人々の生活状況とともにある。その意味で、ソーシャルワークの歴史とは、その時代の、その国や地域の社会的状況の中で、その実践や方法のあり方が問われてきた歴史であるといえる。そして、その国や地域で生きる人々にかかわり、人々が抱える生活問題を解決するための支援やはたらきかけの積み重ねを通して、ソーシャルワーク自体の存在意義や目的を見出し、その理論と実践を確立させようとしてきた歴史であったともいえる。

今日の日本では、人々が抱える生活問題の多様化・複雑化・複合化に対応できる、総合的かつ包括的な支援としてのソーシャルワークが求められている。このようなソーシャルワークのあり方を、日本におけるジェネラリスト・ソーシャルワークと位置付けて、ますます発展させていかなければならない。前述したように、ジェネラリスト・ソーシャルワークとは、システム理論や生態学的視点（エコロジカルアプローチ）に基づいて、支援の対象となる人々とその生活状況を全体的・総合的にとらえ、家族や地域、そして人々の生活を取り巻く社会状況も視野に入れた多面的・多角的な対応をするべく、個々の生活困難状況に応じての総合的・包括的な支援の展開とその過程を重視するソーシャルワークのあり方である。

それはすなわち、生活困難を抱える個人や家族への支援にとどまらず、そのような人々が支えられ、安心して暮らしていける地域づくり、さらに生活困難を生み出す社会的・構造的な要因を見極めて、社会変革を志向する実践が相互に連動する営みである。このようなミクロレベル・メゾレベル・マクロレベルの実践が重層的に展開することが、総合的・包括的な支援とその仕組みづくりとして、今日の日本で求められているソーシャルワークの姿である。

人々や家族が、その地域の中で、さまざまな人や場所といった周囲の社会環境と調和して、安定した生活を主体的に営むことができること、そしてそのような個人や家族への支援と地域づくり、そして社会環境の調整や整備を行うことが、ソーシャルワークの目的であり、役割である。

日本におけるジェネラリスト・ソーシャルワークの今後の発展が、これからの地域における総合的かつ包括的な支援の発展と支援体制の整備につながるといえる。

📖 **BOOK 学びの参考図書**

● 勝部麗子『ひとりぽっちをつくらない－コミュニティソーシャルワーカーの仕事』全国社会福祉協議会、2016年。
　社会福祉協議会のコミュニティソーシャルワーカーとして地域で活動する筆者による著書。具体的な実践事例とともに、地域に根差したソーシャルワークの魅力にふれることができる。

● 菊池馨実『社会保障再考－〈地域〉で支える』岩波書店、2019年。
　持続可能な社会保障制度の構築をめざした著書。そのために求められる相談支援の意義や役割が描かれる。人々を地域で支える実践としてのソーシャルワークの可能性が詰まった一冊。

第4節 総合的・包括的な支援の発展とソーシャルワークの課題

1 人々の主体的な生活と尊厳を守るために

（1）地域における自立生活を支援するということ

　ソーシャルワークの実践は、地域における「自立生活支援」ともいわれる。それは誰もが自らの生活の主体として、その尊厳を守られて生きることの支援を意味する。ここでいう「自立」とは誰の助けも借りずに自分だけの力で生きるということでは決してない。何かに困ったときや問題を抱えたときには、いつでも相談できる、助けを求められる人や場所とのつながりや関係があるということを意味する。多くの人や場所とのつながりや関係があってこそ成り立つ自立生活、言い換えれば、他者との支え合いの中で自分らしく生きることを支援する営みがソーシャルワークである。

　そのことは、人々が同じ地域で暮らす住民としてつながり合い、ともに支え合う地域づくりにつながる。例えば、特定の人が排除され、孤立を強いられるような生きづらい地域ではなく、自分たちの地域をともによくしたいとの願いが住民間で共有された地域社会のあり方である。それはまた、さまざまな生活問題が誰にでも起こり得る現代社会の中で、安心して暮らしていける生活の場や共同体としてのコミュニティの構築である。

　これからのソーシャルワークは、そのような地域社会の実現に向けての変化を生み出すものでなければならない。このことは、地域におけるさまざまなかかわりやつながりの中でこそ成り立つ自立観を基礎として、人々の生活全体を視野に入れた支援を、総合的で包括的に展開するための課題である。

　「ライフ（life）」という言葉がある。日本語では「生活」や「生命（いのち）」そして「人生」と訳されるが、人間の「生」のあり方を表す重要な意味をもつ言葉である。それは、人の「生命（いのち）」、日々の「暮らし」や「生活」、そしてその積み重ねとしての「人生」が一体的なものであることを表している。すなわち、人間の「生」の営みが、他者

や場所との関係の中で成り立つ、いわば「関係的・社会的な営み」であることを示している。その意味で、人間の「生」の豊かさとは、まさに他者や場所、すなわち地域のさまざまな人々や場所との関係の豊かさの中に成り立つといえる。

　地域におけるソーシャルワークのあり方や課題を考えるにあたり、この「ライフ」の概念がもつ意味は重要である。ソーシャルワークは、人間の社会的な「生」としての一人ひとりの「ライフ」の豊かさを地域で支えると同時に、住民同士のかかわりや関係が豊かに交錯する地域づくりのための活動に取り組んでいかなければならない。

（2）人々の尊厳が守られる地域社会の実現に向けて

　平成28（2016）年7月に神奈川県相模原市の障害者施設「津久井やまゆり園」で起きた殺傷事件（相模原障害者施設殺傷事件）は、社会全体に大きな衝撃を与えた。このような事件が発生する社会、このような事件を起こさせてしまう社会は、正常であるとは決していえない。**ノーマライゼーション**やバリアフリー、偏見や差別のないまちづくり、ともに生きる地域社会の構築など、誰もが生きやすいよりよい社会のあり方をめざして、時代の変遷とともに少しずつ積み上げられてきた（と思われていた）ことが、まさに根底から一気に揺らぎ、崩されるような出来事であったといえる。

＊9
本双書第4巻第1部第2章第1節参照。

　このような事件が起こった背景として、**優生思想**や障害者への差別意識が、依然として社会に根強く存在していることが指摘されている。個人の尊厳や人権の尊重といった価値観を、その実践を貫く思想的・理念的基盤としてもつソーシャルワークにおいて、差別はもちろんのこと、人間の生命を管理・選別する優生思想を受け入れることはできない。もしも、このような思想が根強く存在し続ける社会の土壌や社会構造があるならば、ソーシャルワークはそれに抗い、それを変えるための行動を起こさなければならない。

　たとえ誰かに重い障害があったとしても、その人を取り巻く環境とそこでの他者とのつながり、地域の人々との関係が豊かであることによって、その人の尊厳が守られ、その「生」が、社会的・関係的かつ無条件に肯定されること。その人を取り巻く環境が、その人の生を肯定し、その人を大切にする環境であるようにすること。それによって、地域社会の一員として生きていくことが、当然のこととして保障され、現実的かつ具体的に実現されること。地域における総合的・包括的な支援として

のソーシャルワークがめざす社会の姿はここにある。

　今日の日本は、少子化や高齢化に伴う人口減少、家族形態や就労形態の多様化、また社会状況や経済状況の急激な変化の中で、かつて経験したことのない生活問題を人々が抱える状況にある。それは例えば、経済的な貧困に伴って生じる社会とのつながりの喪失であり、病気や障害を理由にした就労や就学の場からの排除であり、地域における差別や排除の構造であり、雇用や賃金をめぐる格差や社会的不利の存在であり、人々が幾重にも分断された社会構造などである。

　まさに、人々の尊厳が守られる場所、すなわち人間が人間らしく生きていく場所がはく奪され、その場所を成り立たせる土台が揺らいでいる状況にあるといえる。今の時代を生きる私たちには、そのような場所を再び取り戻す、あるいは再建することが求められている。それには、社会構造や地域の仕組みに変化を生じさせる動きや活動が必要であり、その一端を担うのがソーシャルワークなのである。

　そのためにソーシャルワーカーは、その地域で暮らす住民や地域のさまざまな多職種・多機関・多業種とともに連携・協働し、生活問題を抱える人々への支援を通して、地域のつながりや支え合いを取り戻していく。そして、その地域が、誰もが尊厳を守られ、人間らしく生きることができる場所であるために、人々とともに行動し、人々とともにあろうとするソーシャルワーク専門職でなければならないのである。

2 ソーシャルワークが展開できる　社会環境づくり

（1）地域におけるサポートネットワークの構築

　今日の多様化・複雑化・複合化する生活問題に対しては、特定の分野の専門職や事業所が単独で対応して解決に結び付くということはない。さらに住民の生活に生じる問題は、その個人や家族が抱える問題としてだけではなく、地域全体の課題としてとらえていかなければならない。そのためにも、住民や行政、専門職やさまざまな事業者がともに地域の課題に向き合いながら、それぞれの役割やはたらきを通して、住民の暮らしを支える仕組みをつくることが必要である。

　生活問題を抱える個人や家族への支援と、そのような生活問題を生み出す社会環境や社会構造の改善のためのはたらきかけ、そして必要な制度や施策の変革を求める活動、すなわち「生活」や「生活者」への視点

に根差したミクロ・メゾ・マクロレベルの活動が、相互に重なり合い、ダイナミックに連動するのがソーシャルワークの実践である。それは、支援の対象となる個人や家族の側に立ち続け、その権利の擁護や意思を代弁する実践を積み重ねていく先に、社会資源の開発や社会環境の改善、またさまざまな制度の変革のための取り組みが成り立つということである。

　そしてそのような実践は、ソーシャルワーカーが一人でやるものではないし、そもそも一人でできるものではない。地域住民や多職種、関係者や関係機関等との連携・協働、チームワークによって行われるという認識が重要である。そのような、地域における関係者とのつながりやサポートネットワークを構築していくことも、ソーシャルワーカーとしての社会福祉専門職の役割なのである。

　生活問題を抱えて苦しみの中にある人々の多くは、自ら相談機関に出向くなどして支援を求めることができない。したがって、ソーシャルワーカーと出会うことができない状態にある。アウトリーチによって支援につなげる必要性もここにあるが、同時にソーシャルワーカーの存在が、広く地域住民に知られ、地域に浸透する必要がある。地域でのソーシャルワークの認知度が高まることは、人々とソーシャルワーカーとの出会いを容易にする環境づくりにもなる。地域におけるサポートネットワークの構築は、ソーシャルワークを必要とする人々のために、ソーシャルワーカーをより身近な存在としていく環境づくりにもなるのである。

（2）法人や団体・組織としてのソーシャルワーク機能の発揮

　社会福祉法第24条第2項では、社会福祉法人が社会事業や公益事業を行うにあたって、「日常生活又は社会生活上の支援を必要とする者に対して、無料又は低額な料金で、福祉サービスを積極的に提供するよう努めなければならない」とされている。この規定は、社会福祉法人に求められる本来的責務として、「地域における公益的な取組」を推進しようとするものである。

　社会福祉法人は、歴史的に児童福祉や高齢者福祉、障害者福祉などのさまざまな社会福祉分野でのサービスの提供を中心的に担ってきた組織である。これからの地域共生社会の実現とそのための地域福祉の推進に向けては、社会福祉法人がもつ専門性及び公益性・非営利性をふまえた取り組みへの期待は大きい。それぞれの法人が地域の状況に応じて、また法人の規模や事業、サービスの種類に応じて、地域の福祉ニーズを把

握しつつ、地域のさまざまな人や場所、機関や施設と連携しながらの取り組みが求められている。

こうした活動は、それぞれの地域性の違いや地域の課題の状況に応じた、創意工夫に基づく取り組みとして行われるべきものであり、その意味で、まさに地域にある社会福祉法人によるソーシャルワークの創造的な展開が期待されているといえる。言い換えれば、個人や家族に対する支援から地域へのはたらきかけ、社会環境の改善といったミクロからメゾ・マクロレベルに至るソーシャルワーク機能を「内在化」させた経営や運営のあり方が、社会福祉法人に問われているということである。

さらに、社会福祉に関連する事業を地域で展開している組織や団体は、社会福祉法人に限らない。今日では、医療法人や特定非営利活動法人（NPO法人）など、さまざまな法人や団体、組織による多様な活動が行われ、多様なソーシャルワーク機能の発揮がみられる。例えば、地域におけるさまざまなカフェやサロン、子ども食堂など、多様な「居場所づくり」の活動が全国的な広がりを見せており、生活課題を抱える人々の自立や社会参加を支える実践を担っている。地域における総合的かつ包括的な支援としてのソーシャルワークの展開として、このような法人や団体、組織単位で創造的・開発的に実践されるソーシャルワークの活動についても、今後のいっそうの充実と発展が期待される。

3 総合的かつ包括的な支援の発展と「共通基盤」の構築に向けて

（1）地域における総合的・包括的な支援体制構築の推進

令和元（2019）年12月26日に厚生労働省から発出された「『地域共生社会に向けた包括的支援と多様な参加・協働の推進に関する検討会』（地域共生社会推進検討会）最終とりまとめ」では、地域共生社会の実現に向けた福祉政策や市町村における包括的な支援体制構築の方策や課題が示されている。

この報告書では、血縁や地縁などの共同体の機能の脆弱化や、個人や世帯が抱える生活課題の多様化・複雑化に対して対象者別や属性別の制度や支援では対応がむずかしくなっている状況があるとして、包摂的な地域社会の実現や包括的な相談支援の実施の必要性を指摘している。特に生活課題を抱える当事者への支援のあり方として、「具体的な課題解決を目指すアプローチ」と「つながり続けることを目指すアプローチ」

の2つが、求められる支援の両輪であるとされている。本人に寄り添いながらの生活課題の解決を目標にする一方で、当事者や地域や社会とのつながりを保つための、支援者による継続的なかかわりに基づく「伴走型支援」[*10]の重要性が主張されている。

　また、専門職による支援と地域住民相互のつながりによる重層的なセーフティネットの構築の必要性についても指摘されている。これは、社会的に孤立した状態にあるなど、支援の網の目からこぼれ落ちる人を生み出さないための、地域の仕組みづくりのことでもある。そのための方策として、専門職による伴走型支援の普及や、多様な社会参加の実現とそれを促進する資源の提供、そして地域における多様なつながりの創出があげられ、これらを促進するための環境整備を進めることが必要とされている。

　さらに、報告書では、以下に示すように、市町村における包括的な支援体制の構築のために、「断らない相談支援」「参加支援」「地域づくりに向けた支援」の3つの支援が一体的に行われることが必要であるとされている。

> ○市町村における地域住民の複合化・複雑化した支援ニーズに対応する包括的な支援体制の構築を推進するためには、中間とりまとめにおいてその必要性が確認された以下の3つの支援を内容とする、新たな事業の創設を行うべきである。
> ①断らない相談支援…本人・世帯の属性にかかわらず受け止める相談支援
> ②参加支援…本人・世帯の状態に合わせ、地域資源を活かしながら、就労支援、居住支援などを提供することで社会とのつながりを回復する支援
> ③地域づくりに向けた支援…地域社会からの孤立を防ぐとともに、地域における多世代の交流や多様な活躍の機会と役割を生み出す支援
> ○この3つの支援を一体的に行うことによって、本人と支援者や地域住民との継続的な関係性を築くことが可能となり、これらの関係性が一人ひとりの自律的な生を支えるセーフティネットとなる。

　ここに示された、誰からのどのような相談も断らずに受け止めるとする「断らない相談支援」、地域資源を活かしながら社会とのつながりを回復する「参加支援」、そして地域での孤立を防ぎ多世代の交流等の機会を生み出す「地域づくりに向けた支援」の3つの支援の一体的な展開とは、まさに地域における総合的かつ包括的な支援として求められるソーシャルワークのあり方である。これからの社会福祉専門職は、自らが所属する分野や領域を問わず、そのような3つの支援の担い手として

第1章

*10
伴走型支援とは、何らかの生活困難を抱えた人々に対して、かかわり続けることやつながり続けることそのものを重視した支援のあり方。生活困難状況の解決、すなわち課題に焦点を当てて課題の解決を目的とするのではなく、課題を抱えた「人」に寄り添うこと、すなわちあくまでも「人」に伴走することを目的とした支援である。

地域に存在し、地域住民等とともに、地域に根差した実践を展開することができるソーシャルワーク専門職として、その技能や資質の向上に努めなければならない。

（2）ソーシャルワークの共通基盤の再構築

　今日のソーシャルワークのあり方として、総合的かつ包括的な支援が求められる背景には、人々が抱える生活問題が多様化、複雑化、さらに複合化している状況がある。そしてそのような生活問題の背景には、それを生じさせる社会環境や社会構造的な問題がある。したがって、そのような現代社会が抱える社会環境・社会構造の問題が、個人や家族の生活上の問題に還元され、それがあたかも当事者の自己責任であるかのように語られることがあってはならない。人々が直面するさまざまな生活問題は、それを生じさせる社会環境や社会構造的な要因を問うことなしには、本質的・抜本的な解決には至らないのである。

　それゆえにソーシャルワークは、生活問題や生活困難状況に至った社会的な背景、それらを生じさせる社会環境や社会構造へのまなざしを忘れてはいけない。すなわち、当事者が抱える生活問題の根源を、その個人や家族にではなく、社会環境や社会構造の中に見出していかなければならない。そして、そのような生活問題や困難を生じさせない社会環境の整備や改善、社会構造の変革に向けた活動が求められるのである。

　ソーシャルワークは、その時代の社会の中で生きる人々とともにあり、さまざまな生活課題を抱える当事者の状況とその社会の現実に寄り添ったものでなければならない。ソーシャルワークに存在意義や役割を与えるのは、さまざまな生活問題を抱える人々とその具体的な生活状況、そして人々を取り巻く地域や社会である。それらへのまなざしと認識から、人々とその生活を支援するとともに、地域や社会環境・社会構造にはたらきかけ、社会変革を志向するソーシャルワークのあり方が志向されなければならない。

　今日では、地域における社会的孤立状態などの、それを対象とする制度がない「制度の狭間」といわれる問題や、複数の分野にまたがる問題を同時に抱えている家族や世帯への対応も求められている。既存の制度の枠内にとどまったソーシャルワークでは、もはや対応できない生活問題が、人々の日々の暮らしに生じているのである。

　このような状況の中で求められるのは、個人や家族への支援が、人々が暮らす地域への支援となり、さらに社会変革に向けたはたらきかけへ

とつながる、ミクロからメゾ、マクロレベルでの展開が相互に連動するソーシャルワークのあり方である。人々の生活を全体的にとらえて、必要な支援を総合的・包括的にそして創造的に展開する、地域に根差したソーシャルワークの実践である。

　現代はソーシャルワークが求められる時代であり、それはソーシャルワークが人々の身近で機能し、地域や社会にいっそう浸透していくことが求められる時代ということである。ソーシャルワークを担う専門職が、地域や社会からのいっそうの信頼を得なければならない時代なのである。そのためには、さまざまな分野や領域で、さらにそれらの範囲や制度の枠を超えて実践される、今日の総合的・包括的な支援の展開としてのソーシャルワークが依拠する、理念や価値観、知識、方法・技術から成る「共通基盤」を、あらためて学術的、理論的、そして実践的に構築することが課題である。

　そしてそのことは、現在だけでなく、これからの時代におけるソーシャルワークの存在意義、そしてソーシャルワーカーとしての社会福祉専門職のアイデンティティを明らかにし、継承していくことになる。これからのソーシャルワークを担う社会福祉専門職は、ソーシャルワークは「実践に基づいた専門職であり学問である」という、「ソーシャルワーク専門職のグローバル定義」にある言葉とその意味を手放してはならない。

BOOK 学びの参考図書

●中村　剛 編『自分の将来を考えている"あなた"へ　これがソーシャルワークという仕事です−尊厳を守り、支え合いの仕組みを創る』みらい、2016年。
　特に高校生を対象に、ソーシャルワークという仕事を知ってほしいという思いから執筆された入門書。ソーシャルワークの仕事の魅力やソーシャルワーカーへの期待が伝わる。

●日本社会福祉士会 編『地域共生社会に向けたソーシャルワーク−社会福祉士による実践事例から』中央法規出版、2018年。
　地域共生社会の実現に向けて求められるソーシャルワークのあり方を学ぶことができる一冊。ソーシャルワーク専門職としての社会福祉士による具体的な実践事例も豊富に紹介されている。

参考文献

● B. デュボワ・K. K. マイリー、北島英治 監訳、上田洋介 訳『ソーシャルワーク － 人々をエンパワメントする専門職』明石書店、2017年

● 五石敬路・岩間伸之・西岡正次・有田　朗 編『生活困窮者支援で社会を変える』法律文化社、2017年

● L. C. ジョンソン・S. J. ヤンカ、山辺朗子・岩間伸之 訳『ジェネラリスト・ソーシャルワーク』ミネルヴァ書房、2004年

● 空閑浩人「地域を基盤としたソーシャルワークへの期待 － ソーシャルワークが求められる時代のなかで」『月刊福祉』第101巻5号（2018年5月号）、全国社会福祉協議会、40～45頁

● 空閑浩人「社会福祉における『場』と『居場所』をめぐる論点と課題 － 『地域共生社会』の構築が求められる時代の中で」『社会福祉研究』第133号、鉄道弘済会、2018年、19～25頁

● M. ペイン、竹内和利 訳『ソーシャルワークの専門性とは何か』ゆみる出版、2019年

● 三島亜紀子『社会福祉学は「社会」をどう捉えてきたのか － ソーシャルワークのグローバル定義における専門職像』勁草書房、2017年

● 宮本太郎 編著『転げ落ちない社会 － 困窮と孤立をふせぐ制度戦略』勁草書房、2017年

● 日本地域福祉学会 編『地域福祉教育のあり方研究プロジェクト報告書 － 協同による社会資源開発のアプローチ』2019年12月

● 保井美樹 編著、全労済協会「つながり暮らし研究会」編『孤立する都市、つながる街』日本経済新聞出版社、2019年

第2章

ソーシャルワークの基盤となる考え方

学習のねらい

　ソーシャルワークは、「価値、知識、方法・技術」を基本的な3要素として位置付け、そのうちのどの要素が欠けても成立しない。それらはお互いに関連し合い、ばらばらに存在しないのである。

　そこで、ソーシャルワーカーは個人・家族・集団・組織・コミュニティ等の抱える課題、ニーズに対応する際に、この3要素を関連させ、ミクロ、メゾ、マクロのレベルの実践を関連させながら地域で安心して暮らし続けることを支援する。

　本章ではまず、価値、倫理の意義について述べた後に、3要素のうちの価値の構成要素を多面的に提示することとする。価値の構成要素のうち、第一はソーシャルワークに共通する基盤となる普遍的、伝統的な価値について、第二にソーシャルワークの新しい価値基盤として「社会」とのかかわりの視点から見た価値についても述べていく。

　第4節では専門職と倫理について述べ、特に国際ソーシャルワーカー連盟及びわが国の専門職団体の倫理綱領、倫理基準等の特徴について説明を加えている。その上でソーシャルワーク実践の倫理的ジレンマがどのように発生するかについて明らかにし、その対処方法を述べている。

第1節　価値・倫理の意義

　ソーシャルワークの業務に従事する者は何を根拠にして実践をしているのか。専門職として実践するにはその根底に価値・倫理に基づく、知識、方法・技術を具現化した実践が展開されねばならない。ソーシャルワークを利用する対象の幅は広い。具体的には個人・家族・集団・組織・コミュニティ、さまざまな制度、政策など幅広く活用されるように変化してきている。それは地域を基盤とする総合的・包括的なソーシャルワークが幅広く活用されるようになってきていることに由来するからであろう。利用する側をど真ん中に置いた実践場面に身を置くとき、利用側の個別的な苦しみや、生活のさまざまな課題に寄り添うことができるのかと一人悩むことがある。また、利用者の家族や当事者集団の抱える課題解決にあたることがある。そのようなときに、利用者や家族の生活のしづらさ、痛みを共有するときのソーシャルワーカーとしての自らの姿はどうあるべきか等に直面する。さらに、課題解決のために、地域に利用したい適切な資源が不足し、どうしたらよいか、地域の住民力を高め、どのように改善するのか、行政とどのようにかかわりをもてるのか等の課題に直面する。このように、ソーシャルワークの実践はミクロ、メゾ、マクロレベルまでを視座に置いた実践が進められてきている。その際に、社会福祉実践に従事する者が、どのような価値に基づく態度を形成し、かつ実践しているかが問われるのである。

　社会福祉士、精神保健福祉士に限らず、介護福祉士、保育士、看護師、保健師、理学療法士、作業療法士など、保健・医療・福祉領域の対人援助職であれば、専門職としてのそれぞれが果たすべき目的によって差異はあるとしても、いずれにおいても倫理綱領が制定され、専門職としての倫理規範が明確に定められている。

　ソーシャルワークを展開する場合、ソーシャルワークにおける価値・倫理は実践の根源を成すものとなる。したがって、ソーシャルワークの価値を学ぶということは、それに基づく福祉観、人間観を身に付けるということであり、ソーシャルワークの本質を学ぶということになる。

　そこで、以下では、ソーシャルワークの専門職としての実践の基盤ともなる価値・倫理のもつ意義について、特に、ソーシャルワーカーとしての業務を進める際の個人・家族・集団・組織・コミュニティなどに幅広く援助することの意味について考えていく。また、ともすると「援助

する側」「される側」という垂直型の関係が形成されやすいことに留意し、この関係性を超えるために、ともに課題を共有し、ともに解決に向けて歩む対等の関係を形成するパートナーシップを構成する必要があることについて述べていくこととする。

　まず、最初に価値・倫理をどのように考えていくかを論ずる。「価値」について考えていく上で、共通する基盤となる伝統的（普遍的）な価値についてふれ、次に、こうした伝統的な価値基盤の検討に加えて、新たに加えられる新しい価値についても述べることとしたい。

第2節　価値の構成要素

1　共通する基盤となる普遍的な価値

（1）人間の尊厳の保持、人権の尊重

❶人間の尊厳の保持

　人間の尊厳の保持という価値観は、本書資料編に掲載している、ソーシャルワーカー、母子生活支援施設職員、看護師の倫理綱領の前提として、基本的な価値原則にあげられている。

　この考え方の基底となるものは、1948年、国連総会において採択された「世界人権宣言」であろう。ソーシャルワーカー（以下、ワーカー）が、利用者にかかわる際に第一にあげなければならない伝統的価値の一つである。言い換えれば、人間尊重という価値の存在なくしてソーシャルワーク実践の価値を論じることは不可能であり、これこそが基本的価値であるという主張といえよう。

　例えば、プラント（Plant, R.）は、人間尊重の背景にあるのは人間の尊厳、広く人の生命、かけがえのない存在である人間として人を位置付けることを起点とすると述べている。プラントは、人間尊重について、「ある特定社会の慣習的な役割構造のなかで義務的行為を果たしている人（たとえば、農夫、牧師など）として尊重するのではなく、一人の〈人間〉として尊重するということである。人間尊重という概念は、人間は特定の役割遂行によってではなく、一人の〈人間〉として尊重される権利がある」[1]ことを主張している。その人がどのような社会的な状況にあるか、どのような役割を果たしているか、あるいは、社会に貢献する有用な役割を演じているのかどうかといったことではなく、その人の存在そのもの、一人の人として人格を有する存在そのものとして人は尊ばれなければならない、としている。

　そのような価値観について、日本ソーシャルワーカー協会の倫理綱領の前文では、次のように具体的に定められている（ソーシャルワーカーの倫理綱領は本書資料編2に全文掲載）。

　「われわれソーシャルワーカーは、すべての人が人間としての尊厳を有し、価値ある存在であり、平等であることを深く認識する。われわれは平和を擁護し、社会正義、人権、集団的責任、多様性尊重および全人的存在の原理に則り、人々がつながりを実感できる社会への変革と社会

的包摂の実現をめざす専門職であり、多様な人々や組織と協働することを言明する。（以下略）」

ここでも、「すべての人が人間としての尊厳を有し、価値ある存在であり……」と冒頭に明確に示している。この前文には綱領の全体をカバーするキーワードが示されており、人間の尊厳に加えて、平等、平和、社会正義、人権、利用者の自己実現などがあげられている。これらについては後に取り上げることとしたい。

人間の尊厳に関してはさらに、同倫理綱領の原理の項で、具体的に一歩踏み込んで、次のように示している。

「ソーシャルワーカーは、すべての人々を、出自、人種、民族、国籍、性別、性自認、性的指向、年齢、身体的精神的状況、宗教的文化的背景、社会的地位、経済状況などの違いにかかわらず、かけがえのない存在として尊重する」

以上の点から、人間の尊厳、あるいは人間尊重という価値観は、ソーシャルワークの価値の根底を成す、極めて重要な基底的な価値であるといってよいであろう。

❷人権尊重

さらに、人間存在そのものの尊厳の保持にとどまらず、人権尊重もまた重要な規範である。**人権尊重**については、「世界人権宣言」（1948年、国連総会により宣言を採択）において、30条からの条文を提示し、すべての人及び国が達成すべき、共通の基準を設けている。これを受けて、国際ソーシャルワーカー連盟（International Federation of Social Workers：IFSW）による「ソーシャルワーカーの倫理　原則と基準」（1994年7月6～8日、スリランカにおけるIFSW総会において採択）の原則の2.2.7.において、次のように述べている。

「ソーシャルワーカーは、国連世界人権宣言及びその他の宣言から生じた国際条約に表明されているように、個人及び集団の基本的人権を尊重する」

日本国憲法においても第11条に「国民は、すべての基本的人権の享有を妨げられない。この憲法が国民に保障する基本的人権は、侵すことのできない永久の権利として、現在及び将来の国民に与へられる」とある。

憲法第25条における「生存権の保障」、及び第14条の「法の下に平等」を基底としつつ、ワーカーは、憲法第13条「人としての尊重、幸福追求」に示す、「すべて国民は、個人として尊重される。生命、自由及び

幸福追求に対する国民の権利については、公共の福祉に反しない限り、立法その他の国政の上で、最大の尊重を必要とする」とある部分まで、しっかりと実践の基盤として認識し、利用者主体、利用者本位の実践を基盤として展開することが求められる。

　ソーシャルワークの利用者は、ときとして、現実に、ジェンダーによる差別、少数者への差別、家庭内暴力、高齢者や児童に対する虐待、障害者差別等の危険にさらされていることがある。ワーカーの価値基盤として、明確な人間尊重・人権尊重の意識をもって職務にあたることが求められるのである。

　ワーカーは、平成28（2016）年7月に神奈川県相模原市の障害者支援施設で入所者19人を殺害した加害者の男性が「障害者は生きていても無駄だ」と語ったことへの反論を深くもち続けなければならない。

（2）利用者主体、利用者中心の価値観を基底とする

　プラントはまた、「人間尊重」という枠組みは、バイステック（Biestek, F. P.）のいう「個別化」「自己決定」「受容」などの概念を包含してしまうものである、との考えを提示している。

❶個別化

　バイステックは「**個別化**」について、次のように述べている。

　「個別化というのは、クライエント各自の特有の性質を認め、理解し、よりよい適応へ向かって各自を援助する際に、原則と方法を差別して用いることである。個別化は、人間が個人であるべきであり、かつ不特定のたんなる一人の人間一般としてではなく、人格的差違のある特定の人間として取り扱われるべき人間の権利にもとづいている」[2][*1]

　また、プラントはパールマン（Perlman, H. H.）が「個別化」について述べている点についても言及している。「個人をすべての他者とは異なる一人の人間として認め、その人を共感的に受け入れ … （略） … 個人を一人の人間として認めるためには、その個人を率直に理解するように努めなければならない」[3]。ここでいう「個人を率直に理解する」というソーシャルワークの方法は、一人ひとりがかけがえのない固有の価値を有するという価値観に基づかないと成立しないことを強調しているのである。「人間尊重」という観点から、その枠組みを構成する一つの概念として「個別化」を位置付けるならば、人間の一人ひとりの差異に着目するにとどまらず、他者とは異なるその人をかけがえのない存在とし

*1
引用は、F. P. バイステック、田代不二男・村越芳男　訳『ケースワークの原則』誠信書房、1965年、49〜50頁からであるが、現在この本は入手困難で、同書を新しく訳し直し出版されたものが、F. P. バイステック、尾崎新・福田俊子・原田和幸　訳『ケースワークの原則－援助関係を形成する技法［新訳改訂版］』誠信書房、2006年、である。

て、一人の人間に対する畏敬の念をもって、その人の語る生活のストーリーにしっかりと耳を傾け、利用者とともに、科学的根拠をもって一つひとつの生活の出来事を把握していく支援が展開されることの重要性を指摘しているのである[4]。

　しかし、ブラウン（Brown, G. W.）は個別化について、次のように警告している。「例えば、女性の気分障害（うつ病）の患者の中に、女性の社会的役割への期待と関連がある、との指摘がある。女性をもっと女性化しようとする古典的な立場から性別役割を押し付けられ、女性は女性らしくふるまうことを強制されることが、女性の気分障害の初期症状の重要な側面となっていることがある。そのため女性が、個人の自尊感情、達成感を失ってしまっている場合、ジェンダーの視点からの援助により、個人の達成感を見出すチャンスになることはよく知られていることである」としている。

　個別化という、一人ひとりの固有性、ユニークさを大切にするという価値基盤をもつことは、人々が多様な価値観をもつことを尊重するという考え方に連なる。その一方で、社会的・政治的な、より広い規定を受ける存在としての個人をとらえる視点も重要である。差別や偏見、不平等な扱いを受けた人々に対する支援をする際に、その一人ひとりがかけがえのないユニークな存在であると同時に、社会全体の中の一部を構成する存在であり、かつその規定を受ける存在でもある、という両面に注目しておく必要がある。「個別化」は一人の人が生活する場、社会的背景を無視して論ずることはできない。

　相談担当者は面接場面で利用者が差別、不利益を被っているという訴えを聞くことがある。その際に、その訴えがあまりに過酷な現実であると、利用者一人ひとりと向き合うことを避けたくなることがある。例えば、ホームレスの自立支援を担当しているワーカーは、そのようなとき、利用者の問題が個別的な理由や状況から生じているのではなく、「脱個別化」してみることにより、共通する社会的背景により生じている社会的課題であることに気付かされることがあろう。社会的・経済的状況によって生じる生活課題が与える影響は一人ひとり異なるが、個人的理由に帰するということではない。例えば、近年注目されている生活困窮状態にある世帯の状況は複雑で多様な生活課題がからみ合っている。世帯員一人ひとりの固有性、独自性を大切にするということとあわせて、そうした状況を生じさせる社会的背景についても十分に視野に入れてとらえる複眼的視点が重要である。

❷自己決定

　自己決定は「人間尊重」の中核を成す価値概念として位置付けることができる。利用者主体、利用者中心のソーシャルワークを実践する前提条件となっている。この価値概念は本書資料編に示したとおり、専門職としての価値から態度に連なる要素を有しており、社会福祉士、介護福祉士、精神保健福祉士、看護師等の各倫理綱領に含められている。

　日本社会福祉士会では「社会福祉士は、クライエントの自己決定を尊重し、クライエントがその権利を十分に理解し、活用できるようにする」とし、日本介護福祉士会は「一人ひとりの住民が心豊かな暮らしと老後が送れるよう利用者本位の立場から自己決定を最大限尊重し……」と、その立場を根拠に自己決定の支援の必要を述べている。日本看護協会は「人々は、知る権利及び自己決定の権利を有している。看護職は、これらの権利を尊重し……」としており、知る権利、ならびにその権利の擁護を強調している。

　このようにいずれの職能団体においても、「自己決定」を価値規範として位置付けている。社会福祉基礎構造改革以降の、利用者の選択により、利用者主体の支援を展開するにあたって、多くの対人援助職にとって、利用者の自己決定を利用者の権利として位置付けている点が重要である。特に判断能力が十分でない利用者、自己決定をする機会を奪われている利用者の場合、自己決定に至るプロセスを支援する「意思決定支援」を行うことが求められている。自らが選択できる情報提供、意思実現支援、意思形成支援などの方法が開発されてきている。悩みや苦しみに寄り添いながら自らの意思を安心して伝え、課題に取り組み、解決に向けて歩み出す利用者に伴走することが求められる。

❸受容

　「**受容**」は利用者の「自己決定」と近い位置にある、ワーカーが保有する伝統的な価値観である。プラントは受容を考えるにあたって、「人間の存在、自己の行為の総和でなく、その行為とは別に、ケースワーカーが認めなければならない、ある種の尊厳や価値が内在しているという仮定がある[5]」と述べている。

　一人ひとりの人間のもつ内在的な強さ（ストレングス）、可能性を受け止め、共感的にしっかりと理解することが、「受容」という価値観を構成するのである。ワーカーとしての態度を形成する価値の一翼を担う要素である。

　プラントは、「個別化」「自己決定」「受容」を包摂し、基底となる価値が「人間尊重」であると述べている。モフェット（Moffett, J.）も「『人間尊重』はワーカーのものの考え方に深くかかわっている。このことを考慮に入れなければケースワーク処置を理解することが不可能な、特定の価値観である。つまり、『個人に対する尊厳』こそケースワークの独自の性格を与える価値観にほかならない[6]」と指摘する。

　ミクロレベルの支援にとって、欠くことのできない基本的・伝統的な価値といってよいであろう。

❹利用者との共同性・共感性の形成

　トムプソン（Thompson, N.）はこれまでにあげた価値のほかに、共同性（congruence）及び共感性（empathy）をあげている。

　ワーカーと利用者やその家族との間に共同性を形成するには、当事者主権の立ち位置をしっかりと築くことが前提になる。共感性が内在し、それを基盤に相互の信頼関係が形成されることが根拠である。つまりワーカーが、主導権を奪ってしまうような関係では、利用者自身が問題解決をする力（ストレングス）を消失させる結果となる。

　重要なことは、問題解決の主体は課題を抱える当事者、サービス利用者自身であり、当事者参加の原則を大切にすることを忘れてはならない。利用者主体・当事者参加でない体験をすると、利用者は、「勇気を出して相談に来たのに、質問ばかりされて、私の本当の気持ちを理解してもらえず、自信をなくしてしまい悲しい気持ちにさせられた」と、暗い表情で面接室から退出する状況が生じることがある。ワーカーは、利用者が自らの尊厳をもって主体的に相談場面に参加できるよう、利用者の主体的な力（ストレングス）を引き出し、パートナーとして役割を果たせるよう支援することが大切である。

　利用者との豊かな共感的な理解を相互にもつに至るような関係が形成されると、利用者が、自分の問題や置かれている厳しい現実をとつとつと語り始めることがある。今まで人を信じることができず、さまざまな社会的差別を体験した利用者が、堤防が決壊したかのように、さまざまな出来事を語り始めるのである。利用者のつらい胸の内をワーカーが真剣に傾聴してくれていると利用者が実感でき、利用者とワーカーが、ともに純粋に人と人が出会えたように感じ、利用者が自己肯定感を低めてしまっているときには、自尊感情を回復し、共同性を体感することがある。パートナーシップが形成されることが、利用者中心の相談活動の展

開に至る過程である。「共感性」と「共同性」は面接場面で補完し合う
関係で、面接を担当するワーカーの態度、姿勢を深めていく価値といえ
よう。
　窪田 暁子は、「共同性」と「共感性」が互いに補完し合う関係にある
ことを、精神病院で勤務していたころの事例をあげ、「措置解除を断っ
た彼女」の事例を忘れることができない教訓事例として提示している。
「もっともっと彼女の世界を共有し、共に考えつつ、その権利と自由を
護るべきであったと。もっと正当に彼女の不安を理解し、受けとめてい
たなら、彼女も喜んで生活保護への移行を承知したにちがいないと、今
は考えています」。窪田は、共感性、共同性を見失った支援を行ってし
まい、よかれと考えて「措置解除と生活保護への移行の正しさで頭が
いっぱいだった」とも述べている[7]。クライエントとの「共同性」「共感
性」を置き去りにして「共同作業」を行えなかったことを教訓とした。
そして、援助とはクライエントとの「共同作業」であると位置付け、援
助計画の中軸をなすものであるとも述べている[7]。窪田は、クライエント
本人との共同作業、家族その他の関係者との共同作業、福祉・保健領域
の諸組織・機関との共同作業、地域の諸団体との共同作業についてもて
いねいに記述している。

❺ノーマライゼーション、メインストリーミングにかかわる価値

　2001年に世界保健機関（WHO）により策定された「国際生活機能分
類」[*2]（International Classification of Functioning, Disability and Health：
ICF）は、障害者を障害面からとらえるのではなく、生活機能を発揮し
つつ、障害のあるその人が生きることの全体像を存在としてとらえると
いう考え方を整理したモデルとして提唱されている。
　障害を個人の問題としてとらえるのではなく、社会的環境とのかかわ
りにおいて認識することが当たり前のこととして社会的に認知されるよ
うになってきている。この価値規範は1950年代にデンマークのバンク-
ミケルセン（Bank-Mikkelsen, N. E.）により提唱された「障害者を排除
するのではなく障害があっても当たり前に生活できる社会こそがノーマ
ルな社会である」との考えを示している。それが「ノーマライゼーショ
ン」であり、スウェーデンのニィリエ（Nirje, B.）により広められた。
障害者と健常者の間の垣根を取り払うという理念は、アメリカでは「メ
インストリーム」（主流化）とも表現された。こうした理念のもとに社
会全体に変革をもたらすユニバーサルデザインが前進することが求めら

＊2
本双書第4巻第1部第
1章、及び第14巻第1
部第5章第2節参照。

れている。このような理念はソーシャルワーク実践にも大きな影響を与え、障害があるがゆえに「生きづらさ」を抱えて生きる人々とともに社会を変えていく重要な価値基盤を形成してきた。

❻守秘義務、個人情報保護について

援助に携わる者は、職務を遂行する上で知り得た情報を漏らすようなことがあれば、職業倫理に反したとして処罰を受ける場合がある。

社会福祉士や精神保健福祉士にも**守秘義務**についての規定がある（各当該法第46条、第40条）。

ただし、利用者の問題解決のために、関連する社会資源とネットワークを組む必要がある場合、情報の共有化を図る必要が生じることもある。そのような際には、原則として利用者にその旨を伝え、本人の同意を得て、情報の一部を伝え合う場合もある。

ただし、児童虐待の防止等に関する法律（児童虐待防止法）では、虐待の恐れがある児童を発見した学校の教職員、保育所職員、医師等に児童相談所等へ通報することを義務付けており、その際の守秘義務を免除している。このように人の生命、身体または財産の保護のために必要がある場合を除き、個人のデータを第三者に提供する場合は、本人の同意が求められる。

平成15（2003）年、**個人情報の保護に関する法律**が制定され、保管・管理にあたっての注意点、第三者提供についても守るべき責務を定めている。個人情報の保護については、わが国ではマイナンバー制度が導入され、個人、組織ともにこの問題を十分に配慮することが求められている。

近年、多発する自然災害において、自宅で暮らす要支援者、要配慮者の支援について、個人情報保護の観点から、せっかく届けられている情報をどのように生かし、生命を守るか、この課題について議論を重ねる必要がある。

2 専門職として大切にしなければならない要素

（1）矛盾を体現する存在として

社会福祉実践の場で働くワーカーは、それぞれの機関や施設等が設置した目標、根拠に基づく機能を具現化するために、そこに雇われ、役割

を遂行することになる。そして現場で働く従事者は、現実の場面で矛盾なく仕事を遂行できている場合もあるが、多くは、利用者に寄り添う中、ニーズの多様性に十分応えることがむずかしい場面に直面し、さまざまな葛藤に遭遇している。

　一人のワーカーとして、厳しい困窮状態にさらされている利用者の現実を直視する中で、割り切れない思いにさいなまれ、法の理念である「健康で文化的な最低限度の生活」を、はたしてすべての人に保障できているのか、と思い悩むこともある。また、ワーカーとしてよって立つ価値、あるいは倫理に照らして、自らの実践を、立ち止まり、振り返ることも少なくないであろう。専門職としてのワーカーは、利用者と同じ「人」として、生活者として、地域の住民としてかかわりながら、ときに、その利用者のうめきや苦悩に深く心動かされながらも、必ずしも問題解決に至らない場面に直面することもある。生活困窮者自立支援制度の創設の背景を見ると、雇用形態の変化、若年層の失業者の増加など経済構造の変化、ひとり親世帯、ひきこもりを続ける若者、単身世帯の困窮の増加傾向など社会構造の大きな変化の中で、近年、複合的課題をもつ相談件数の増加に直面している。しかし、矛盾を体現し、ときに矛盾に向き合う体験を重ねながら、一人の現場にいるワーカーとして、生活困窮者の自立と尊厳の保持に向けて努力を積み重ねていくことが求められる場合も少なくない。

（2）パートナーシップの形成とチームでの支援

　現に、さまざまな生活上の困難や課題を抱えている個人・家族・集団・組織・コミュニティの課題を援助する際、ともすれば「援助する側」「される側」という立場による上下関係が生まれやすいことがある。

　人は、何か生活上の課題が生じたとき、まずは、自分のことは自分で解決したい。さもなければ、身近な家族や親族、友人等のさまざまなインフォーマルな資源の力を借りて解決したいと願う。それがどうしてもかなわないという現実に直面したときに、公的サービス、その他第三者機関にその解決の援助を求める場合が多い。その際、今、そこに生じている問題や苦しみを抱えながら、行政の力や、知らない第三者（機関）の力を借りることへの屈辱感や、自分のプライバシーを、ある意味で知らない第三者に公開することへの大きな抵抗感や、自らの無力感にさいなまれることもまれではない。自信、自己肯定感を失い、生きづらさの中で生きる意欲さえ失いつつある場合もある。地域でごみ屋敷が発生し

て、周りの人は気付きながら、誰も関心をもってかかわろうとしないし、見て見ぬふりをすることは少なくない。

　ワーカーは、こうした利用者の置かれている状況や心情を十分に認識して、相談にあたることが求められる。ワーカーは、訴えられている生活上の問題・課題にのみ視線が向きがちであるが、我われがかかわるのは問題ではなく、問題を抱えている「人」と周辺の社会的状況なのである。そのことを十分に認識していないと、問題解決のみにアプローチをしてしまい、「援助する側」「される側」という二分法の関係がもつ構造の罠に、気付かぬうちに落ちてしまうのである。

　「援助する側」「される側」という二分法の関係を超え、ともに支え合うパートナーシップを構成していくためには、「支え合う」ということの本質を十分に理解することが求められる。

　その前提として押さえておきたいのは、問題解決の主体はあくまでも当事者であり、当事者、あるいは当事者団体の抱える問題の内容やそれにかかわる情報を一番よく知っているか、保有しているのは、当事者であり、利用者であるということである。このことの理解のポイントは**パターナリズム**[*3]である。しかしながら、その考え方が極度にはたらくと、パートナーシップがなくなる恐れがあり、利用者や課題を抱える人たちの考える力、行動する力を奪うことになりかねないことに留意しなければならない。したがって、利用者との信頼関係や共感的な理解を形成することなく、利用者の問題解決能力を引き出し、問題解決に至ることはむずかしい。問題解決の主体者はあくまで利用者であるのに、そのことを取り違えて利用者の先回りをし、ワーカーが解決の主導権をもって問題解決を図ってしまうような動きをすれば、利用者が本来、潜在的に有している問題解決能力を奪ってしまうことになりかねない。

　ワーカーが利用者のもつ、気付く力、自己決定する力、意思決定する力、自己志向する力を側面から支援することにより、自らの問題解決能力を引き出すきっかけをつくることになる。ワーカーと利用者本人や家族とが歩幅を合わせて、問題解決に向けてともに歩むプロセスこそ、パートナーシップの基本の積み重ねになるのである。

　さらにいえば、問題が複雑であり、重層化している場合や複数の要支援者がある場合は、関係機関と連携し役割分担をしながら連携の輪を築くことが求められる。ワーカーが一人で背負い込むような体制から抜け出し、支援力を高める職場内外の専門職、住民の参加によるケースカンファレンスの開催、日ごろからの職場づくりも大切である。また、孤立

*3
社会的強者の弱者に対する保護・統制・支配関係をパターナリズム（父権主義）といい、援助する側（ワーカー）がされる側（利用者）の意思にかかわりなく、本人の利益のために、本人に代わって判断することをいう。

している場合は地域とかかわり、地域を変えていくことも一緒に進めていくことが求められる。地域に根差すソーシャルワークを進めるには、地域には多くの資源があること、それらとどのようにネットワークを形成し、チーム力を高めるかが問われるところである。

（3）ソーシャルワーク実践における価値・倫理の位置付け

　以上から、ソーシャルワークの根底を成す、価値・倫理の重要性についてあらためて整理しておく。

　ワーカーは、自らが所属する機関や施設の利用者が、さまざまな困難や苦難を抱えて苦しむ姿に直面する。ともにその苦しみを分かち合い、利用者の抱えている重荷と向き合い、その重荷を理解しようと努力を重ねる。この作業を通してワーカーは、利用者の問題解決を図ろうとするプロセスをともにすることになる。

　阿部志郎は、「福祉の哲学は机上の理屈ではなく、ニーズに直面する人のもつ『呻き』への応答として深い思索を生み出す努力であるところに特徴があるのではないだろうか[8]」と述べている。

　また、阿部は近著で「社会福祉に哲学は必要なのか。制度の知識、政策への理解と援助における技術を学べばそれで十分ではないか、といった疑問が表出されることもあります。そうした疑問に答え、『なぜ、社会福祉の基礎づけ、方向づけに哲学が不可欠なのか』を明らかにすること[9]」が必要であることを述べ、ニーズに直面する人の「呻き」への応答としての深い思索の道筋をたどることの重要性を指摘している。

　ワーカーは、なぜ、利用者にソーシャルワークの手法を用いて、利用者の「呻き」に向き合うのか。ソーシャルワーク実践は、その根底に流れる福祉の哲学とそれに連なる価値・倫理に依拠し、そのことに導かれ、ともに苦しみ、分かち合い、利用者を支援する道筋を編み出す努力を積み重ねることになる。

　したがって、ワーカーが専門職であるためには、知識・技術の専門性と倫理性の向上がその職責となり、専門職集団はソーシャルワークの価値・倫理に基づいて構成される倫理綱領と、それに準拠する行動基準を作成するのである。ワーカーには専門職としてそれらの綱領・基準に則り、知識・技術・態度・方法を駆使して行動することが求められている。

　社会福祉士、精神保健福祉士の国家資格取得はその入り口・手段にすぎないことを心に刻み、専門職としての基礎的価値を体得してゆく道を歩みたい。

第3節 ソーシャルワークの新しい価値基盤

1 ソーシャルワークと「社会」とのかかわり

　従来のソーシャルワーク実践において欠くことができないとされてきた1960年代までの伝統的な価値は、個人に焦点を当て、ワーカー－クライエント関係に限定してきたきらいが強い。本節では、その伝統的なソーシャルワークの価値を超える新たな価値について述べていく。

　ソーシャルワーカーの倫理綱領（日本ソーシャルワーカー協会の倫理綱領。以下、倫理綱領）を見てみると、従来の伝統的な価値に加えて、前文に「平和を擁護し、社会正義、人権、集団的責任、多様性尊重および全人的存在の原理に則り、（略）社会への変革と社会的包摂の実現をめざす専門職」であると述べられている。「平和」「人権」「社会正義」を明確に包含することで、ソーシャルワークの業務は利用者個人にかかわる価値基盤を明確にするだけでは不十分であることを示している。すなわち、ソーシャルワークの守備範囲は利用者個人にとどまらず、利用者が暮らす家族、地域社会、さらに、人が暮らす環境へのはたらきかけにより、よりよい社会環境を形成することをめざす義務があることを提示しており、ソーシャルワークの「ソーシャル」な側面に対する責任、つまり、我われが住む小さなコミュニティから広くグローバルな視点に立ち、地球環境にまではたらきかけをする責任を倫理綱領で明確に示しているのである。

　具体的には、倫理基準として、①クライエントに対する倫理責任、②組織・職場に対する倫理責任、③社会に対する倫理責任、④専門職としての倫理責任、を提示している。特に、社会に対する倫理責任を構成する項目として、①**ソーシャルインクルージョン**、②社会へのはたらきかけ、③グローバル社会へのはたらきかけ、をあげている。

　倫理綱領についてはさらに本章第4節で詳しく述べるが、利用者の多くが社会的差別、偏見、不平等、不利益、**社会的排除**を受けやすい状況にあることを十分に認識し、利用者を中心に置いた利用者主体の自立支援、権利擁護、社会正義に向けた**アドボカシー**[*4]（advocacy）、ソーシャ

*4
権利擁護や代弁（活動）のことで、当事者を取り巻く環境の改善に向けて、自ら意思やニーズを伝えることがむずかしい障害者・高齢者・（社会的養護を受けている）子ども等の当事者に代わり、支援者や代理人等がその代理となって主張・意思などを伝えたり、さらには政策提言等を行ったりする活動。

ルアクションなどに実践の価値の基盤を置いていくことが重要となっている。

2 社会とのかかわりの観点から見た価値・倫理

（1）多様性の尊重と社会的包摂

　社会福祉事業法を改称し、社会福祉法が登場する流れを促進した背景には、欧米諸国の社会福祉諸施策の基本となる福祉観として、「誰もが排除されない、差別されない社会を形成する」とする「社会的包摂」という概念がある。障害のある人々にとって、市民としての権利を十分に保障されず、教育を受ける権利、就労し、当たり前に地域で暮らす権利等々を奪われ、いわれのない差別、偏見を受けたり、排除されたりした経験は忘れることができない出来事であった。それらは許されざる出来事、あってはならぬこととして否定されてきたが、現実には社会のあちらこちらで散見される。

　こうした偏見、差別、社会的排除を、個人レベルの問題としてとらえ、個人に問題があるとするにとどまってしまうのではなく、社会システムとして、文化として根強く地域社会、社会制度の中に潜在化しており、これらが差別を生み、無理解による偏見が個人に多大な影響を及ぼしてきたことを認識することが重要である。ワーカーは個人の意識変革を遂げるためにも、そのようなことを許容する社会の構造的側面を、地域住民とともに変革することが求められていることを認識し、ソーシャルワーク実践を通して、誰も排除されない地域社会を構成するはたらきを行っていくという価値観を具備することが重要なのである。

　一方で、テイラー（Taylor, D.）は「あるグループが社会の主流になって、社会参加をするとき、他のグループが排除されるということが生じかねないこともある[10]」と警告している。社会的包摂を推進する際に、例えば宗教、人種、民族問題において迫害されていた側が市民権を得た場合、反対に別のグループが迫害されることが生じる場合があるといったことに警告を発するとともに、この地球上に、今なお生じている国際紛争により差別や排除があることに懸念を表明しているのである。

　ソーシャルワーク実践の立場からは、一人の市民として多様性、差異性を尊重し、誰もが尊厳を有する存在として自立した生活を送ることを援助することが重要である。「社会的包摂」とひとくくりに論じるには

幅が広く、教育・雇用の機会、住居、性差等あらゆる形態の多様性を認め、理解し合うための学び合いが重要である。知らないことからくる差別や排除が、社会的構造とのかかわりで、個人や家族、地域社会に生じてくる。そこで、こうした状況を多面的・多角的に検討し、それを克服する社会的努力が求められている。

（2）市民性の保障と自立支援

「市民性（citizenship）の保障」をソーシャルワーク実践の価値の一つに位置付ける人は多くないかもしれない。しかし、当事者主権の考え方に立つならば、たとえ一人ひとりの利用者が多くの生活課題を抱えていようとも、自らの選択により、地域の資源を活用しながら、自立した市民として、地域で安心して、心豊かに生きがいをもって、その人らしく当たり前の生活を遂行することを可能にする援助を行うことがワーカーに課される職務である。個別支援と地域支援を一体的に進めることが求められる。

　ソーシャルワーク実践の目標の一つは、一人の市民としての自立支援にある。ソーシャルワーク実践の課題としてトムプソンは「障害のある人々が市民として社会参加することを支援しないで、ケアサービスを提供することだけに熱心になり、結果として、本人が社会参加する機会が減少し、社会から排除されたり、密かに傷つけてしまったりするようなことさえある[11]」と述べている。援助を展開するにあたって、利用者を安全に保護し、ケアサービスを提供すればそれで終了ということではない。やむを得ず、管理、保護されることが必要な場合もあるが、そのことが援助の目標ではないのである。一人の市民として、自立した生活の主体者として、必要なサービスや介護、支援を活用しながら、その人らしく暮らすことができるように地域づくりを進めながら自立支援をすることが重要な側面の一つである。

（3）社会正義

　2000年に採択された国際ソーシャルワーカー連盟（IFSW）によるモントリオール宣言でのソーシャルワークの定義の中で、「人権」と「社会正義」はソーシャルワークのよりどころとする基盤であると位置付けている。2014年メルボルンでのソーシャルワーク専門職のグローバル定義でも、同じくソーシャルワークの中核を成す諸原理の一つに含めている。ギャンブリル（Gambrill, E.）は、ソーシャルワーク実践の基本

的価値の一つに、**社会正義**（social justice）をあげている。ソーシャル
ワークの利用者が不当な扱いを受けたり、いわれのない差別を受けた
り、社会資源の活用を拒まれるようなことがあってはならない。人間は
誰もが幸せに生きる権利の主体としてあるとの明確な価値観をもって利
用者の自立支援を行い、環境を整えるようにはたらきかけることがソー
シャルワーク実践の職務の一つであり、社会的不正義の存在を黙認する
ことはふさわしくない行為であるとしている。

（4）パートナーシップとエンパワメント

　先にも述べたが、ソーシャルワークを展開するにあたって極めて重要
なことは、利用者とのパートナーシップ（partnership）を形成してい
くことである。利用者とともに、ときに利用者の意向により、他の専門
職とチームを構成したり協働することや、多面的な資源を活用したり資
源を調整したりすることが求められ、利用者主権、利用者中心に展開さ
れることが大切である。

　ワーカーにとって重要なことは、利用者やその家族の問題がどこにあ
るかを探るのではなく、何が起こっていて、それはどのように解決する
ことができるかを、ワーカーが利用者とパートナーシップを構築しなが
ら、利用者とともに探ることにある。その置かれている状況、環境と人
との相互作用に着目し、環境を変化させることにより、当事者の可能性
が引き出され、困難な状況を改善させ、課題解決に向けての内在的力量
が高まることが進み始めるのである。人間に対する深い関心と可能性、
回復する力に対する信頼を根底にもって、利用者をエンパワメント
（empowerment）していくことが求められるのである。

（5）権利擁護

　人は、誰も差別されてはならない。誰もが排除されることのない一人
の市民として、権利の主体として、正当で平等な市民として権利を有す
るのである。

　利用者の権利擁護を推進するにあたって、援助者は利用者との間に、
個別性の尊重、利用者の自己決定の尊重、守秘義務を守る等に重きを置
いた伝統的な価値・倫理に基づく関係性を構築する。この関係性をここ
では「伝統的な価値に基づく閉じた関係性」といっておきたい。

　しかし、利用者の抱える生活課題が複雑で多岐にわたっていて、現に
活用できる有効な資源開発を試みなければ、利用者の権利擁護をなし得

ず、問題解決に至らないという場合がある。

　例えば、ワーカーは利用者の受ける差別や社会的な排除などに直面することがある。そのような場合、ワーカーは「伝統的な価値に基づく閉じた関係性」を基盤としつつ、地域で同じような問題に苦しむ当事者組織につなぐ工夫をし、地域の課題として連携・協働する支援システムの構築、アドボカシーを図るなど「開かれた関係性」をもつ新たなソーシャルワークの価値・倫理を具備する態度、姿勢を形成し得るかが問われるのである。

（6）集団的責任

　なお、最後に付言しておきたいことは、2014年7月にメルボルンで開催された国際ソーシャルワーカー連盟（IFSW）及び国際ソーシャルワーク学校連盟（International Association of Schools of Social Work：IASSW）の総会で14年ぶりに改定された「ソーシャルワーク専門職のグローバル定義」が正式に採択された点である。参考までに、社会福祉専門職団体協議会国際委員会及び日本ソーシャルワーク教育学校連盟訳による、新定義を**表2－1**に示しておく。

　同委員会は定義の解説を付しているので、参考にしてほしい。同解説書に、この定義の中で特に強調しているのは次の3項目である。
　　①多様性の尊重
　　②西洋中心主義、近代主義への批判
　　③マクロな社会変革の強調
　ソーシャルワークの価値との視点から注目しておきたい点はソーシャルワークの中核を成す原理としてあげている「社会正義、人権、**集団的責任**、および多様性尊重」である。「多様性尊重」は旧定義にも示され

〈表2－1〉ソーシャルワーク専門職のグローバル定義

> 　ソーシャルワークは、社会変革と社会開発、社会的結束、および人々のエンパワメントと解放を促進する、実践に基づいた専門職であり学問である。社会正義、人権、集団的責任、および多様性尊重の諸原理は、ソーシャルワークの中核をなす。ソーシャルワークの理論、社会科学、人文学および地域・民族固有の知を基盤として、ソーシャルワークは、生活課題に取り組みウェルビーイングを高めるよう、人々やさまざまな構造に働きかける。
> 　この定義は、各国および世界の各地域で展開してもよい。
> （社会福祉専門職団体協議会〔社専協〕国際委員会と日本社会福祉教育学校連盟〔現 日本ソーシャルワーク教育学校連盟〕による日本語定訳）

（出典）社会福祉専門職団体協議会（社専協）国際委員会「ソーシャルワーク専門職のグローバル定義と解説」

ていた「社会正義」「人権」と並ぶ中核的な原理として加えている。「多様性尊重」を加えた背景として注目している点は世界各国、地域のそれぞれの民族文化、社会状況の違いにそった定義の展開を重視し、西洋的思想中心・近代主義への批判を背景に、地域民族固有の知を軽んぜられてきたことへの批判ともいえよう。ミクロレベルのソーシャルワークから、マクロの社会変革、社会開発が強調されていることもそうした側面と背景がある。また「集団的責任」を基本原理の一つに位置付けているのは、先の委員会の注釈によると、「人々がお互い同士、そして環境に対して責任を持つ」、それも集団というレベルで生じる責任と述べて、その内容として相互扶助（相互に依存してケアし合う人々）、環境への配慮（環境と共生する人々）をあげている。その背景として個人主義偏重への批判、非西洋の集団主義的文化の尊重をあげている。新しいソーシャルワークの原理として登場した「集団的責任」について、あまりわが国では重視してこなかったといえよう。今後わが国ではこの課題をどのような側面から検討するか十分に吟味し、深めていく必要がある。

　新しいグローバル定義について、社会福祉専門職団体協議会国際委員会では「『グローバル定義』改定の10のポイント」を示しているので、参考までにあげておく（表2-2）。この新たな定義に含まれたキーワードは「社会変革」「社会開発」「社会的結束」「エンパワメントと解放を促進する」である。そして、ソーシャルワークの中核を成す原理は「社会正義、人権、集団的責任、および多様性である」としている。こうしたソーシャルワークの原理を実現するためには、一人のソーシャルワーカーの活動基盤にとどまらず、それぞれの国が、さらに地球サイズで取り組む集団的責任がある。それをソーシャルワークの世界にとどめ

〈表2-2〉「グローバル定義」改定の10のポイント

1. ソーシャルワークの多様性と統一性
2. 「先進国」の外からの声の反映
3. 集団的責任の原理
4. マクロレベル（政治）の重視
5. 当事者の力
6. 「ソーシャルワーク専門職」の定義？
7. ソーシャルワークは学問でもある
8. 知識ベースの幅広さと当事者関与
9. （自然）環境、「持続可能な発展」
10. 社会的結束・安定

（出典）社会福祉専門職団体協議会（社専協）国際委員会「IFSW（国際ソーシャルワーカー連盟）の『ソーシャルワークのグローバル定義』新しい定義案を考える10のポイント」

るのではなく多様性を認め合い、誰も排除されない社会づくりを伴う実践が必要になってきている。

　今、地球上で繰り広げられる、グローバルな社会経済状況から生じる格差社会の広がりと深まり、地球温暖化の影響による大規模な自然災害、多様性を認めない民族や人種、宗教上の対立等による紛争が頻発している。そうした状況は人間の尊厳さえ奪い去っている。こうした状況にある人々のかたわらにあって、ともにその苦難を分かち合う存在として、ソーシャルワーカーが集団的責任をもって社会正義、人権意識を中核的原理として具備することを求めている。この新しい定義が各国で検討され、新しいソーシャルワークの価値を生み出す土台となることも考えられる。ソーシャルワークのもつ社会変革と社会開発は各国の置かれた状況により内容が異なることも予測されるが、ここにあげられたソーシャルワークの中核を成す諸原理をしっかりと吟味し内実化する努力が求められる。わが国でもこうしたグローバルな定義を吟味し、その実現に向けて、わが国のソーシャルワーク関連団体等が関心を向け、検討が進み始めている。

　自国を超えて、世界各国で具体的取り組みが進められているが、地球規模での実践がソーシャルワークの定義に加えられていることに注目しておきたい。

　わが国では「ソーシャルワーク専門職のグローバル定義の日本における展開」と題する見解が、**表1-1**のようにまとめられ、公表されている。また近年、国際連合より「持続可能な開発目標（SDGs）」が提示されている。この中に示された17項目のうちの多くは、福祉に深くかかわる項目である。これらについても社会福祉のめざすべき価値と深くかかわっていることを付言しておきたい。また、2019年に突然発生した新型コロナウイルスによる世界的な感染者の増大により、人と人との密接な関係を禁じなければならない事態となった。この現実を直視し、このことによって人の生命・生活、死について、価値を再考する機会が与えられているのだということを付記しておきたい。

＊5
本書第1章第2節2参照。

引用文献

1）R. プラント、丸木恵祐・加茂　陽 訳『ケースワークの思想』世界思想社、1980年、17頁

2）F. P. バイステック、田代不二男・村越芳男 訳『ケースワークの原則』誠信書房、1965年、49〜50頁

3）R. プラント、前掲書、14頁

4）R. プラント、前掲書、20頁

5）R. プラント、前掲書、16頁

6）J. モフェット、杉本一義・松本英孝 訳『ケースワーク入門−基本事項の検討・整理』川島書店、1984年、41頁

7）窪田暁子『福祉援助の臨床−共感する他者として』誠信書房、2013年、156〜160頁

8）阿部志郎『福祉の哲学』誠信書房、1997年、9頁

9）阿部志郎・河　幹夫『人と社会−福祉の心と哲学の丘』中央法規出版、2008年、31頁

10）Taylor. D.（1996）*Citizenship and Social Power*, SAGE Publications.

11）Thompson. N.（2000）*Understanding Social Work*, Macmillan, p. 119.

参考文献

● 権利擁護研究会 編『ソーシャルワークと権利擁護−"契約"時代の利用者支援を考える』中央法規出版、2001年

● Gambrill, E. D.（1997）*Social Work Practice: A Critical Thinker's Guide*, Oxford University Press.

● I. ファーガスン、石倉康次・市井吉興 監訳『ソーシャルワークの復権−新自由主義への挑戦と社会正義の確立』クリエイツかもがわ、2012年

● C. S. レヴィ、小松源助 訳『ソーシャルワーク倫理の指針』勁草書房、1994年

● 日本社会福祉士会 編『改訂 社会福祉士の倫理−倫理綱領実践ガイドブック』中央法規出版、2009年

第4節 専門職倫理と倫理的ジレンマ

1 専門職と倫理

　一般的に倫理は「人倫のみち。実際道徳の規範となる原理[1]」であり、道徳とは「ある社会で、その成員の社会に対する、あるいは成員相互間の行為の善悪を判断する基準として、一般に承認されている規範の総体[2]」である。つまりソーシャルワークの倫理とは、ソーシャルワークの行為の善悪を判断する基準として承認される規範となるものといえよう。

　専門職は高度な専門的知識と技術がいわゆる非専門職を対象にしているために、対等ではないサービス関係が成り立つ。そのため倫理性が厳しく問われ、独自の倫理綱領を備えていることも多い[3]。

　ソーシャルワークにおいて価値や倫理は、実践を行う上で重要な基盤である。ソーシャルワークは「価値を担う職業[4]」「規範的な専門職[5]」といわれるように、その活動は価値や倫理が重視されることはすでにこれまでの節で述べてきたとおりである。援助の対象者は、何らかの困難な状況や生活のしづらさを抱えているために脆弱性をもつことや、ソーシャルワーカーはその支援のために、対象者のプライバシーを把握する立場にあることから、特に厳しい倫理が求められる。

　ソーシャルワーカーの価値は、社会正義、人間の尊厳の尊重、人権の尊重、危害を加えないこと、利用者主体、多様性の尊重、社会変革・社会開発・社会的結束の促進、エンパワメントと解放などがある。これらの価値を実現するために、レヴィ（Levy, C. S.）によれば、「ソーシャルワーク倫理は、ソーシャルワーカーがソーシャルワーカーとしての能力、役割、地位をもってする行動を先導し、規制し、統制する」。そして、「ソーシャルワーカーが専門職としての機能を遂行し、またソーシャルワーク専門職として行為していく場合に期待されるものを表している[6]」。

　しかし、ソーシャルワーク実践は、多様で複雑な問題や状況に対応しなければならないため、倫理的なジレンマに直面することは珍しいことではない。倫理的な問題とジレンマには簡単な答えはなく、またジレンマの解決にはしばしば罪悪感や非難、後悔が残ることがある。それはむ

ずかしい選択や決定をしなければならないことだけではなく、その決定に対する責任を負わなければならないためであり、ソーシャルワーカーにとって、大きなストレスとなる。[7]

2 倫理綱領

（1）倫理綱領とは

　このような価値と倫理のジレンマに遭遇したとき、実践のよりどころとなるものに専門職の**倫理綱領**が存在する。ソーシャルワーカーの倫理綱領は、ソーシャルワーカーの倫理が具現化されたものである。

　倫理綱領の機能は、一般的には、①クライエントの保護、②実践者の倫理的な実践のガイドとなるべき個々の倫理基準を確立する、③社会に向けてその専門職を信頼できるように倫理基準を表す、④専門職が非倫理的行動をしたかどうかの裁定のための行動基準となる、などの点があげられる。前述したとおり、専門職は独自の倫理綱領を所持しており、弁護士や公認会計士、医師、看護師、理学療法士や作業療法士、薬剤師などさまざまな団体は、倫理綱領や倫理規則を有している。専門職は自らが所属している専門職団体の倫理綱領を遵守しなければならない。

　日本の社会福祉の専門職団体の倫理綱領は、「ソーシャルワーカーの倫理綱領」「社会福祉士の倫理綱領」「精神保健福祉士の倫理綱領」「医療ソーシャルワーカー倫理綱領」「日本介護福祉士会倫理綱領」「全国保育士会倫理綱領」「介護支援専門員倫理綱領」などがある。

（2）国際ソーシャルワーカー連盟における倫理声明

　国際的なソーシャルワーカーの倫理声明として、2018年に国際ソーシャルワーカー連盟（IFSW）総会で承認された「ソーシャルワークにおける倫理原則のグローバル声明」（Global Social Work Statement of Ethical Principles）がある。これは、2014年に定められた「ソーシャルワーク専門職のグローバル定義」をふまえて策定されたものである。

　この声明では、「原則」として、①人間固有の尊厳の承認（Recognition of the Inherent Dignity of Humanity）、②人権の促進（Promoting Human Rights）、③社会正義の促進（Promoting Social Justice）、④自己決定権の尊重の促進（Promoting the Right to Self-Determination）、⑤参加する権利の促進（Promoting the Right to Participation）、⑥守秘とプライバシーの尊重（Respect for Confidentiality and Privacy）、⑦

全人的な個人としての人々への対応（Treating People as Whole Persons）、⑧技術とソーシャルメディアの倫理的な活用（Ethical Use of Technology and Social Media）、⑨専門的な誠実さ（Professional Integrity）、の9つがあげられている。そして、各国の協会と組織の責任として、この声明と一致するように、各国や地域の状況を考慮して倫理綱領や倫理指針を作成し、定期的に更新することとされている。[8]

（3）日本のソーシャルワーカーの倫理綱領

　日本のソーシャルワーカーの専門職団体の倫理綱領としては、日本医療社会事業協会（現　日本医療ソーシャルワーカー協会）が昭和36（1961）年に制定した「医療ソーシャルワーカー倫理綱領」が、最も早い時期に策定されたものである。その内容は、①個人の幸福増進と社会の福祉向上とを目的として活動する、②対象者の意志の自由を尊重し、秘密を守り無差別平等の原則に従う、③対象者と専門的援助関係を保ち、その関係を私的目的に利用しない、④医療社会事業の意義と機能が関係職員に理解されるようつとめ、その目的達成に努力する、⑤専門職業の立場から社会活動を行い、社会資源の活用と開発をはかり、社会保障の完成に努力することが定められている。この綱領は5項目から成る短いものだが、今日でも重要な専門職の倫理が示されている。

　その後、昭和61（1986）年に、日本ソーシャルワーカー協会が「ソーシャルワーカーの倫理綱領」を宣言し、平成7（1995）年には、日本社会福祉士会も「ソーシャルワーカーの倫理綱領」を採択した。昭和63（1988）年には、日本精神医学ソーシャル・ワーカー協会（現　日本精神保健福祉士協会）が「精神保健福祉士協会倫理綱領」を策定した。

　2000年に国際ソーシャルワーカー連盟（IFSW）で「ソーシャルワークの定義」[*6]が採択されたことを受けて、同年から日本ソーシャルワーカー協会と日本社会福祉士会で倫理綱領の策定に向けた取り組みが始まった。平成13（2001）年より日本医療社会事業協会が、平成14（2002）年には日本精神保健福祉士協会が参画し、IFSWに加盟しているこれらの4団体により「ソーシャルワーカーの倫理綱領」が策定され、平成17（2005）年に各団体により承認された。

　さらに、平成26（2014）年に定められた「ソーシャルワーク専門職のグローバル定義」を受けて、前述の4団体で構成された日本ソーシャルワーカー連盟では、平成30（2018）年より「ソーシャルワーカーの倫理綱領」の改定作業を行い、令和2（2020）年6月に新しい倫理綱領を策

第2章

*6
平成26（2014）年に策定された「ソーシャルワーク専門職のグローバル定義」は本定義を改正したものである。

＊7
日本社会福祉士会では
名称を「社会福祉士の
倫理綱領」とし、他3
団体（日本ソーシャル
ワーカー協会、日本医
療ソーシャルワーカー
協会、日本精神保健福
祉士協会）は「ソーシャ
ルワーカーの倫理綱領」
としている。日本社会
福祉士会、日本医療ソー
シャルワーカー協会は、
その倫理綱領に加えて、
独自に「社会福祉士の
行動規範」、「医療ソー
シャルワーカー行動基
準」をそれぞれ定め、
日本精神保健福祉士協
会は、従来より制定さ
れていた「精神保健福
祉士の倫理綱領」と
「ソーシャルワーカーの
倫理綱領」の2つを協
会の倫理綱領と定めて
いる。

＊8
本書資料編2を参照。

定した。[*7]

　この「ソーシャルワーカーの倫理綱領」[*8]が日本における共通したソーシャルワーカーの倫理綱領と考えられるため、その内容について、ここで少し詳しく見ておきたい。

　「ソーシャルワーカーの倫理綱領」は、「前文」「原理」「倫理基準」に分かれている。

　「前文」では、「ソーシャルワーク専門職のグローバル定義」を実践のよりどころとし、ソーシャルワーカーは、すべての人が尊厳を有し、価値ある存在であり、平等であることを認識し、平和の擁護、人権と社会正義、集団的責任、多様性尊重、全人的存在の原理に則り、つながりを実感できる社会への変革と社会的包摂の実現をめざすことが定められている。またソーシャルワーカーの職責について、一般社会と市民の理解を深め、その啓発に努めることとされている。

　「原理」は、①人間の尊厳、②人権、③社会正義、④集団的責任、⑤多様性の尊重、⑥全人的存在の6項目で、ソーシャルワーカーの中核を成すものである。

　「倫理基準」は、大項目として、①クライエントに対する倫理責任、②組織・職場に対する倫理責任、③社会に対する倫理責任、④専門職としての倫理責任があげられており、ソーシャルワーカーはこれらに対して倫理的な責任をもって実践をしなければならない。

　このうち、①クライエントに対する倫理責任は12項目で、クライエントを支援する上でのソーシャルワーカーの基本的な態度や姿勢、また記録の開示や情報処理技術の使用についても定められている。

　②組織・職場に対する倫理責任は6項目で、所属する組織や職場、同僚や他の専門職に対する態度や倫理的責任が定められている。

　③社会に対する倫理責任は3項目で、ソーシャルインクルージョンをめざし、人権と社会正義の実現のために、全世界のソーシャルワーカーと連帯し、グローバル社会にはたらきかけることが定められている。

　④専門職としての倫理責任は8項目あり、専門職の啓発、社会的信用に関すること、また不当な批判に対しては専門職を擁護すること、ソーシャルワーカー自身の専門性の向上のための教育やスーパービジョンに関すること、調査研究に関する倫理性について定められている。

（4）ソーシャルワーク専門職団体の倫理綱領の特徴

　倫理綱領の特徴とその限界については、①倫理綱領は行動の指針とな

るべきものであり、実践の場面でどのように活用すべきか、詳細な行動は示されていないこと、②倫理綱領同士の葛藤が生じた場合の優先順位は示されていないことなどがあげられる。

　①については、例えば倫理綱領の「クライエントの意思決定への対応」には、「意思決定が困難なクライエントに対して、常に最善の方法を用いて利益と権利を擁護する」とあるが、では、意思決定が困難とはどのような状態をさすのか、最善の方法とはどのような方法なのかといった具体的なことは記載されていない。実際に支援する場合に、目の前にいるクライエントにとって最善の方法とはどのような方法なのかは、個別性が高く、クライエントやその状況ごとに考えていかなければならない。

　②については、例えばソーシャルワーカーはクライエントに対する倫理責任と同時に、実践現場における倫理責任を有している。クライエントの利益を最大限に尊重したいと思っても、実践現場から求められるソーシャルワーカーへの期待や義務もある。それらの間でジレンマが生じた場合、「倫理的実践の推進」では、「組織・職場の方針、規則、業務命令がソーシャルワークの倫理的実践を妨げる場合は、適切・妥当な方法・手段によって提言し、改善を図る」とあるが、はたらきかけても状況は変わらないとき、どうすればよいのかといったことは、具体的には記載されていない。また、クライエントの「自己決定の尊重」が必ずしも「クライエントの利益」につながらない場合、どこまで自己決定を尊重するのかなど、クライエントに対する倫理責任同士でも葛藤が生じる。

　いずれも倫理綱領は行動の指針であるという性格上、詳細に行動を規定することには限界があることから生じるものであるが、特定の場面でこれらをどのように理解し、適応させ、自らの行動を決定するのか、ソーシャルワーカーは判断していかなければならない。

3 ソーシャルワーク実践と倫理的ジレンマ

　一般にジレンマとは、正当な2つ以上の行為の選択肢があって、どちらかを選ばねばならず、どちらをとっても当事者に満足や納得のいく結果をもたらさないだろうと思われる状況をさす。**倫理的ジレンマ**とは、専門職業の義務や価値の衝突に出合い、どちらかを決定しなければならないときに生じる。

　では、ソーシャルワーク実践でどのような場合に倫理的ジレンマが生

じるのだろうか。倫理綱領では、ソーシャルワーカーは、クライエント、実践現場、社会、専門職に対する倫理責任があることが定められているが、これらの責任があるからこそ葛藤が生じるといえよう。直接援助を行う上で、おおむね次のようなジレンマが生じることが考えられる。

・自分の価値観とソーシャルワークの価値観の間
・ソーシャルワークの価値観と利用者の価値観の間
・利用者の価値観とその家族の価値観の間
・ソーシャルワークの倫理同士 [*9]
・ソーシャルワークの価値観と同僚の価値観の間
・ソーシャルワークの価値観と他の専門職の価値観の間
・ソーシャルワークの価値観と所属する機関の価値観の間
・限られた社会資源

＊9
ソーシャルワーカーの倫理綱領に定められている倫理同士に葛藤が生じること。

　さらに直接援助以外でも、実習生への指導などの際に倫理的ジレンマが生じることがある。

　倫理的ジレンマの例として、未成年者のクライエントの秘密の保持、就労を希望している障害者と就労に反対する親に対する対応、自宅退院を望む本人と施設入所を希望する家族への支援、単身で認知症の高齢者が望む在宅生活の継続への支援、同僚の不誠実な態度や不正への対応、早期退院を勧める医療機関の方針と支援に時間が必要な場合の対応、限られた社会資源の中における利用者の自己決定の尊重、実習生に対する指導者としての役割とソーシャルワーカーとしての役割の両立などがあげられる。このようにソーシャルワーカーは日常的に多くのジレンマに遭遇している。

4 倫理的ジレンマの対処方法

　このような倫理的ジレンマが生じた場合にどのように対処したらよいのだろうか。まず、倫理綱領に従うことが考えられるが、それでも倫理綱領だけでは十分な判断ができない場合があることは前述したとおりである。

　そこで、倫理的ジレンマの対処の方向性を見出すために、欧米では1980年代からジレンマを分析するためのアセスメントモデルが提示されてきた。

例えば、リーマー（Reamer, F. G.）は、以下のような段階を踏むことはジレンマを解決しようとする際に役立つとしている[9]。

①衝突するソーシャルワークの価値と義務を含む倫理的状況を特定する

②倫理的決断によって影響を受けそうな個人、グループ、組織を特定する

③試験的に、すべての可能な行動の道筋と各々の参加者を、利益とリスクとともに表す

④以下の観点について、可能な行動の道筋に対する賛成と反対の理由について、徹底的に吟味する

　㋐ 倫理的理論、原則、ガイドライン

　㋑ 倫理綱領と法的原則

　㋒ ソーシャルワーク実践理論と原則

　㋓ 個人の価値観（宗教的・文化的・民族的・政治的イデオロギー）

⑤同僚や適切な専門家（機関のスタッフ、管理者、倫理委員会、スーパーバイザー、弁護士、倫理学者）との相談

⑥意思決定し、そのプロセスを記録する

⑦決断をモニターし、評価し、記録する

しかしながら、このようなアセスメントモデルを用いることで、必ずしもジレンマが解決するとは限らない。大切なことは、これらのアセスメントモデルに情報を当てはめていくことではなく、これらのモデルを用いることで、ジレンマの状況を理解し、検討することである。

また、倫理的な問題に対処する場合、実践に必要な価値・倫理、知識、技術を身に付けていること、自分の価値観に対する理解が必要である。つまり実践者が困難な状況にあるとき、すべてが価値や倫理の問題とは限らず、それは知識や技術が不十分なために生じていることもよくある。実践は複雑な状況にあるため、これらは必ずしも明確に分けられないこともあるが、ソーシャルワーク実践に関する価値や倫理とともに、技術や知識も同時に高めていくことが肝要である。

倫理的ジレンマは多職種連携を行う支援チームでも生じる。例えば医療倫理の方法論として、普遍性と倫理原則を基盤として問題を考える原則論と、文脈（人間同士の関係や相互作用及び彼らが置かれている状況）性や対話を基盤として考える物語論の大きな潮流がある。物語論では、実際にかかわり合う人々が相互の考え方を理解して解決策を模索する対話がカギとなる。物語論では関係する当事者間のナラティヴの不調

和として倫理的な問題が生じるというとらえ方をするため、不調和を減らし、調和を図っていくための、傾聴や共約（対立を起こしている両者の間に接点や共通点、何らかのつながりを見出して架橋する）などの方法をとる。このような開かれた対話的なプロセスに多職種でかかわり、検討することもジレンマ解決の方法の一つである。

　また医療機関では、臨床倫理委員会や臨床倫理コンサルテーション、倫理検討会を開くなど、開かれた多様な取り組みも行われており、これらの活動や他領域の倫理実践から学ぶことも必要であろう。

　倫理的ジレンマは恐らく実践を行う上でなくなることはない。ベテランのソーシャルワーカーはその力量から無意識にジレンマが生じる場面でも選択肢を選び、ジレンマを感じないまま行動選択ができることもあるだろう。しかしそれはジレンマが存在しないことではない。倫理的ジレンマに対処するためには、倫理的な状況に対する敏感性を高め、向き合っていく努力が求められるのである。

引用文献

1）新村　出 編『広辞苑 第七版』岩波書店、2018年、3106頁
2）新村　出 編『広辞苑 第七版』岩波書店、2018年、2064頁
3）田尾雅夫『組織の心理学』有斐閣、1999年、113頁
4）Z. T. ブトゥリム、川田誉音 訳『ソーシャルワークとは何か』川島出版、1986年、4頁
5）F. G.リーマー、秋山智久 監訳『ソーシャルワークの価値と倫理』中央法規出版、2001年、10頁
6）C. S. レヴィ、小松源助 訳『ソーシャルワーク倫理の指針』勁草書房、1994年、27頁
7）S. バンクス、石倉康次・児島亜紀子・伊藤文人 監訳『ソーシャルワークの倫理と価値』法律文化社、2016年、14〜15頁
8）IFSWホームページ「Global Social Work Statement of Ethical Principles」
　　日本ソーシャルワーク教育学校連盟ホームページ「ソーシャルワークにおける倫理原則のグローバル声明（仮訳）」
9）Reamer, F. G.（2008）"Ethics and Values" *Encyclopedia of Social Work, 20th ed.*, National Association of Social Workers, pp. 143-151.
10）宮坂道夫『医療倫理学の方法−原則・ナラティヴ・手順 第3版』医学書院、2016年、44〜45頁、58〜59頁

参考文献

● 日本ソーシャルワーカー連盟「ソーシャルワーカーの倫理綱領」「『ソーシャルワーカーの倫理綱領』の策定及び改定作業の経緯」
● 日本社会福祉士会「日本社会福祉士会の倫理綱領・行動規範」
● 日本精神保健福祉士協会「精神保健福祉士の倫理綱領」
● 日本医療ソーシャルワーカー協会「医療ソーシャルワーカー倫理綱領」
● 日本ソーシャルワーカー協会「倫理綱領」

第3章
ソーシャルワークの対象と担い手

学習のねらい

　本章では、わが国におけるソーシャルワークの対象と担い手に関する理解を深める。このことは、わが国における社会福祉専門職がソーシャルワークをどのように具体的に展開しているかについて学ぶことを意味する。

　第一にソーシャルワークの対象をこれまでどのように規定してきたかをいくつかに類型化して提示する。個人レベルから家族・集団・地域レベル、さらには社会資源として制度、政策等にそれぞれ別々にかかわるだけでなく、つながり合いながら、実践活動を進める傾向がみられるようになってきている。こうした地域に根差す総合的、包括的な実践の展開としての「ソーシャルワーク機能」特有の展開について明らかにする。次いで、対象となる近年の利用者の特性を示す。特に多様で、複雑な生活課題を担う利用者の姿とその対応の仕方を述べる。誰にもつながりにくい、発見しにくい、発見できない、つながることを拒む利用者の支援について説明する。これらをふまえ、地域資源の開発の必要性とネットワークの形成について述べる。

　第二に、こうしたソーシャルワークの対象と展開を理解した上で、これを担うソーシャルワークの専門職である社会福祉士・精神保健福祉士や関連職種、さらには実践現場等の概要を紹介する。

第1節 全体像の把握から援助につなぐ

1 ソーシャルワークの対象

　令和2（2020）年3月に、厚生労働省が示した社会福祉士養成課程の新カリキュラムでは、「相談援助」であった呼称は「ソーシャルワーク」という言葉に置き換わった。この変化は社会福祉実践の一領域である「相談援助」の枠組みを「ソーシャルワーク」として拡大して位置付けることとなり、大きな意味をもつ変化となった。

　それでは、ソーシャルワーク実践をどのようにとらえているかということであるが、一般社団法人日本ソーシャルワーク教育学校連盟では、3つのレベルで説明している。「ソーシャルワークの実践レベルは、ミクロ・メゾ・マクロに分けられる。しかし、これらのレベルでの実践がどのようなものかについては諸説あり、また実際には3レベルでの実践がそれぞれ重複していることもあるので、便宜的な区分と捉えてほしい」。特に地域に根差す総合的、包括的な支援にあっては3レベルでの実践は重複しているだけでなく、別々ではなく一体として展開されるなど諸説ある。具体的に述べるなら、相談活動の範囲は**ミクロレベル**の「個人や家族への直接援助」、**メゾレベル**は「家族ほど親密ではないが、グループや学校、職場、近隣など有意義な対人関係があるレベル」をさし、**マクロレベル**は「対面での直接サービス提供ではなく、社会問題に対応するための社会計画や地域組織化など、社会全般の変革や向上を指向しているものである。具体的には、コミュニティ・国家・国際システムであり、政策や制度を含む」としている。[1]

　近年、ソーシャルワークは主たる方法としてケースワーク、グループワーク、コミュニティワーク、あるいはコミュニティオーガニゼーションと別々に発展してきたが、ソーシャルワークとして一体的にとらえ、「地域を基盤とした総合的、包括的な支援」へと変化してきている。利用者をど真ん中に置き、利用者の力、主体性を大切に、利用者が暮らす地域を実践の基盤としてかかわるようになってきている。こうした地域に根差す総合的、包括的支援が進む背景には「地域共生社会」実現に向けて改正社会福祉法が平成30（2018）年4月より施行されたことと無関

係ではない。このことの前提として「我が事・丸ごと」の地域づくりの取り組みが進められてきた。こうした地域づくりに取り組む状況から、それぞれの地域の特性、地域課題の内容により、自治体単位で工夫が始まりつつある。特に、令和元（2019）年12月、厚生労働省より「地域共生社会に向けた包括的支援と多様な参加・協働の推進に関する検討会」（地域共生社会推進検討会）の最終取りまとめが提出され、令和2（2020）年6月に、以下に示したさらなる社会福祉法の改正が行われた。上野谷加代子は近編著で次のように述べている。「『共生社会』をどのようにとらえるのかによって、その接近方法や創造のプロセスも異なるだろう。（略）国政としての地域共生社会創りが進められる潮流の中で、あくまでも、生活者（当事者）の視点での『共生社会』創造をイメージしている」[2]。共生社会づくりというソーシャルワークの展開と近距離にある古くて新しいこの課題を「どのような立ち位置で、誰のために、何のために」創造するのかが問われるのである。

　こうした背景を念頭に置き、本章を学んでほしい。

（1）制度・施策による対象の規定

　「社会福祉の対象とは？」と問われた場合、児童福祉、高齢者福祉、障害児・者福祉、母子福祉、貧困・低所得者福祉等とそれぞれの法制度の分野別に対象領域を限定的に区分し、社会福祉の対象について説明をするという対象理解の方法がある。すなわち、社会福祉の法体系が充実する中、生活保護法、児童福祉法、老人福祉法、介護保険法、母子及び父子並びに寡婦福祉法、障害者総合支援法等のように社会福祉施策やサービス等がこれらの法を根拠に対象別に制定されてきたことから、その枠組みをもって社会福祉の対象を規定するという分類の仕方がある。

　国や地方自治体によって設置される相談機関は、上記のように分割された法体系をふまえ、下記のように分野ごとに相談窓口が別々に設置されてきた。

　例えば、生活困窮に関する相談に対しては生活保護法に基づいて福祉事務所が設置され、また平成27（2015）年度から全国で実施されている生活困窮者自立支援制度に基づく生活保護受給者以外の生活困窮者支援の窓口が開設された。家庭での子どもの養育が困難になってしまった場合の相談は、児童福祉法による児童相談所や児童家庭支援センター等で担当する。要援護状態に陥ってしまった高齢者の問題で悩む家族からの相談は、介護保険法による地域包括支援センターや事業所ケアマネ

ジャー等が相談に応じている。障害のある人が地域で自立生活を営みたいと考えたら、障害者総合支援法に位置付けられている各種障害福祉サービスを受けられないか市町村に相談するであろう。

　パートナーの暴力に耐えかねて家を出る決意をした被害女性が子どもとともに保護を求めるような場合には、母子及び父子並びに寡婦福祉法により福祉事務所に配置されている母子・父子自立支援員を訪ねる。その上で、児童福祉法に位置付けられている母子生活支援施設の緊急一時保護の利用につながる、あるいは、女性相談センターや民間NPOが運営するシェルターに逃げ込むということになる。

　このように、さまざまな相談内容に対応するべく、それぞれに縦割りの法体系に基づいて相談機関が設置されており、それぞれの制度にそった社会福祉サービスを対象別に利用する仕組みとなっている。言い換えるならば、わが国では基本的には社会福祉制度、施策によって提供されるサービスを利用できる条件を備えた利用者を、社会福祉の対象者と規定する場合が考えられる。つまり、対象者と規定された人々と社会的課題を抱えた人がイコールではないということになる。また、法体系に基づいて設置された社会福祉施設にも、ソーシャルワーク業務を担う相談機関を併設する場合もある。

　例にあげたように、利用者の生活課題が明確であり、かつ、抱えている問題が一つの制度内サービス利用によって充足できる場合は、一機関の利用で解決に至る場合がある。特に措置権を行使する必要がある課題を有する対象者の場合には、当該の相談を担当する相談員は行政処分に関する業務を分担することになり、利用者のニーズがその対象領域に限定されている場合には、対象別であることが有効な手法である。

（2）実践領域別

　一方で、ソーシャルワークは、前記のような国の社会福祉制度・施策等に基づいて設置される相談機関の下に展開される場合のほかにも、実際には多様な機関や地域内のさまざまな場で実施されており、ソーシャルワーカーあるいはソーシャルワークに携わる人の実践領域は広がりを見せている。以下、すべてを取り上げているわけではないが、例示してみたい。

　第1に、医療機関などでソーシャルワーカーとして活躍する医療ソーシャルワーカー（MSW）[*1]、精神保健福祉士[*2]などがそれにあたる。

　第2に、家庭裁判所における調査官、保護観察所等での保護観察官な

ど、司法、更生保護の領域でもソーシャルワーカーとしての機能を発揮している場合がある。[*3]

第3に、学校教育現場でスクールソーシャルワーカーとして、児童・生徒が学校生活を送る上での課題について支援する活動を担っている人がいる。[*4]

第4に、社会福祉協議会等で活動する福祉活動専門員がコミュニティソーシャルワーカー[*5]として活動している場合や、成年後見制度への移行[*6]前段階である判断能力が十分でない認知症の初期段階の高齢者や、知的障害、精神障害等の領域に近い判断能力が十分でない人々を対象とする日常生活自立支援事業の専門員や生活支援員[*7]が困窮状況にある人々の総合相談、ソーシャルワークの視点から業務を展開している場合もある。社会福祉協議会に限らず、地域のNPO（非営利組織）等に、介護保険法に基づく生活支援コーディネーター[*8]が全国各地に配置され始めている。

第5に、就労支援センター、ハローワーク等でも就労支援にかかわるソーシャルワーカーが業務に就き始めている。また、企業などでも従業員、組合員などを対象としてソーシャルワーカーやカウンセラーが働いている。

第6に、個人が属する最も小さな社会的単位としての家族に焦点を当てたファミリーソーシャルワーカーをあげておく。

特に児童福祉の分野では、子どもと最も密着した関係にある家族の支援をすることが子どもの状況を改善するためには不可欠との認識に基づき、ファミリーソーシャルワーカー、自立支援にかかわるソーシャルワーカーを配置する児童福祉関係の機関が増えてきている。女性センターで働くDV（ドメスティック・バイオレンス）被害者支援職員、ジェンダーに関する相談員等もある。

また、民間相談機関として、家庭福祉機関で働くソーシャルワーカーも活躍し始めている。まだ多くはないが、社会福祉士が独立して相談機関を開設している。その他少数ではあるが、災害の場で活動する生活支援相談員は、5年以上の経験があれば、社会福祉士国家試験の受験資格として実習免除となることが位置付けられた。災害ソーシャルワークを担う職種が今後必要になる。そして近年、当事者活動が顕著となり、全国各地で当事者が自ら立ち上げた自助グループで活動するソーシャルワーカー等さまざまな専門領域でのはたらきがある。

社会福祉施設、機関、組織、保育所や子育て支援施設も、ソーシャルワークの機能を果たす職員の配置が進み始めている。また地域包括ケア

*3
これら更生保護における担い手については、本双書第13巻第3部第4章参照。

*4
本双書第5巻第2部第3章第3節参照。

*5
本双書第8巻第1部第2章第1節4（4）参照。

*6
本双書第13巻第2部第1章参照。

*7
本双書第13巻第2部第2章第1節参照。

*8
本双書第3巻第4章第4節3参照。

第3章

を担う事業所にはソーシャルワーク機能を果たす職員が配置されてきている。また、高齢者、障害児（者）、児童福祉施設等にもソーシャルワーク機能を担当する職員が複数配置されている。さらに外国籍の人々、日本語以外の母語をもつ人々を支援する多文化共生センター、難民支援を行う相談機関でもソーシャルワーカーが働き始めている。

　さらにいえば、介護福祉士・保育士・ヘルパー等は介護・保育等それぞれケアワーク実践を行う専門職だが、その業務は直接ケアを行う子どもたちや要介護者だけでなく、それぞれの当事者の家族や地域の資源と深くかかわりをもって活動する場合が多い。現に職務内容で、保育士は子どもの保育とともに家族の支援を義務付けられており、かつ地域の子育て家庭の支援もできる範囲で行う必要性が謳（うた）われている。同じく、介護福祉士も要介護者の家族支援を地域のさまざまな資源と連携して行い、地域包括ケアの中核的な担い手として活動するように示されている。このように、介護福祉士・保育士・ヘルパー等もまた、個人・家族・当事者集団・地域の活動に参画しつつソーシャルワーク機能を合わせて実践する大切な人材として位置付けられているのである。

　その他、ソーシャルワーカーという位置付けではないが、民生委員・[*9]児童委員、保護司等は地域における身近な相談相手として、機関やサービスにつなぐ役割を果たしているし、地域を基盤として活動を展開するNPOなどにも、そのような機能を発揮する者も少なくない。

　このように、制度の縦割りを背景にする相談機関、実践の課題とは別に、近年、制度の狭間（はざま）に生じている多様な社会的ニーズや課題に対応するために横軸でも広がりを見せている。例えば、不登校児童、ひきこもり状態にある若者への支援に対して、専門職団体や市民参加による当事者主体の活動が創出されてきている。また、東京都には、「民間相談機関連絡協議会」という活動団体の連絡会があり、50近い団体が参加・登録している。多様な民間団体・当事者組織（例えば、自死遺族の会、難病家族・発達障害児者団体、ひきこもり児の家族の会など）による相談機関が誕生しており、ともに研修や情報交換を行っている。

2 相談の対象となる利用者の特性

（1）多様な問題を重複してもつ利用者

　第1項では、主として単一の生活課題を抱えている場合、法制度に則（のっと）った生活課題別の相談機関を訪れ、課題解決に至ることを述べたが、

＊9
本双書第8巻第1部第2章第3節4参照。

人々が生活者として生きていく際に生じる生活問題は多様であり、しかも解決すべき生活課題は多岐にわたっていて、1人が、あるいは1つの家族が重複して複数の生活課題を有している場合はまれではない。生活課題が重層的であったり複雑に入り組んでいたりする場合が少なくない。

　問題が複雑で深刻である場合、最初から、多くの生活課題をもつ人（対象者）が自ら問題を絞り込んで、適切な相談機関を直接訪問できない場合があることにまず留意する必要がある。

　また、たとえどこかの相談機関にたどりついたとしても、1つの事項別・分野別相談機関による援助では、問題の一部にアプローチすることはできても、利用者にとって、その他の生活課題の解決に至らないという事態に直面することになる。

　通常、人々の暮らしはある意味で、次々に生ずる生活問題の解決の過程といってもよいかもしれない。人々の暮らしに問題が生じて生活上の困難に直面すると、人は混乱し、悩み、何とか課題を解決しようと努力をする。身近な親やきょうだい、頼りになりそうな友人などを見つけて、相談し、助言を求める場合もある。つまり、身近な個人的資源を活用して解決に結び付けようとする。

　しかし、近年、そのような相談にのってくれたり、困難に直面したときに助けてくれたりする個人的資源をもたない人々も少なくない。例えば、周囲からのはたらきかけを拒み続けているひとり暮らしの高齢者、ひきこもって暮らす無職の若者、心に病をもち、周囲の人と意思疎通が図りにくく心ならずも人間関係が疎遠になっている人、外国籍の人で日本語によるコミュニケーションがとりにくい人、住居を定めることができず、転々と居所を変えている人々等、社会的孤立状態にある人は何らかの解決困難な課題を複数抱えて困難に直面しても、身近な個人的支援が得られにくい。

　また、問題解決に必要な資源に関する情報も得にくい場合が少なくない。問題を抱えた当事者は混乱し、どこに相談に行けばよいかわからず、途方に暮れて、立ち往生してしまう場合が多いと考えられる。突然に発生した緊急的対応が求められる相談と慢性的問題を長期にわたり抱えながら、たちゆかなくなってしまった場合もある。

　日本国憲法第25条第1項では「すべて国民は、健康で文化的な最低限度の生活を営む権利を有する」と明確に規定している。そこには、社会権の一つである生存権の保障が謳われている。しかし一般に、権利の主体として自らを自覚し、当然の権利として、必要な資源を活用して問題

解決に至ることができる人ばかりではないことに、ソーシャルワークに携わる者は心を傾けなくてはならない。

（2）福祉制度、福祉サービスの利用に至らない対象者の姿

次のような事例について考えてみよう。

事例 1

　50代の男性の治夫さん（仮名）は、長らく働いていた工場が昨今の経済不況に直面し、倒産したために失業した。治夫さんはその会社の寮に住み込みで働いていたので、会社が倒産するとそこは人手に渡り、住み込み従業員はみな寮を追われ、住む場所も失ってしまった。少しばかりの蓄えはあったが、それも底をつき、借りたアパートの家賃を滞納し、そのアパートから追われてしまった。路上生活を続けていたが、次第に健康を害して、生きる意欲さえ失ってしまい、一人、途方に暮れてしまった。

　彼は軽い知的障害があるが、働いていた工場の仕事は単純な技術であり、会社の上司から指導を受けながらその会社で支障なく働き続けることができていた。彼をその職場に送ってくれたのは、彼が在学していた地方の中学校の担任の教師であった。彼は母子家庭で育ち、就労のために上京したので、帰郷することもなく、母や幼いころの故郷の人々との交流は途絶えてしまっていた。彼は疎遠になってしまった母のことを思い出し、母がまだ元気で生存しているのか、どこで生活をしているのかなど、母についての消息を知りたいと強く望んでいたが、今までそのことを人に語ったことはなかった。現在では頼るべき身寄りもない。

　この事例の治夫さんは、特に人とかかわることが苦手であったために、会社を離れてしまった現在では、親しく相談にのってくれる人はいない。「住む場所」の確保もできず、長らく働いた会社は倒産し、やむなく職場を離れることとなった。自らの人権が侵されていることを自覚しておらず、かつ、どこに相談に行けばよいかについての情報ももっていない。役所に対する行きにくさや忌避感もあるので、役所に相談に行く、という発想もない。つまり、社会構造的危機状況を背景として仕事を失い、定住する場を失い住所不定となり、路上生活を余儀なくされ、就労のめども立たず、自立困難な状況にある。経済的カテゴリーでいうならば、まさに貧困状態に陥ってしまっている。ライフステージから見ると、治夫さんの年齢は50代であり、心身の障害の有無を見ると、軽い知的障害がある。本人は自らの生活困難を訴える手立てをもたずに、誰ともつながりをもてず社会的排除をされている状態にあるといえる。治夫さんは

誰でも利用できる社会福祉制度、社会福祉サービスがありながら、そうした相談機関につながることができていないのである。

　先に述べたように、憲法において、「すべての国民が健康で文化的な生活を営む権利を有する」といわゆる普遍主義が謳われている。しかしこのことを保障するための制度があるにもかかわらず、制度利用に至らない人々が現実に存在するのである。こうした人々がひとり暮らしの人々の増加とともに潜在化している。社会福祉の対象でありながら利用者となり得ない人々こそ最も支援が必要な対象者である。

❶相談機関につながるまでのハードル

　実際に生活課題を抱えていても、社会福祉制度を利用して問題を解決するという意思をもって自らの権利を行使できない人は、一般的には制度があっても適用に至らない。また、制度の適用を求めて自ら相談機関を訪れるところまでたどりついても、その制度の適用を受けるには一定の資格要件を満たしていなければ利用できないため、資格要件によって選別されてしまうという事態に直面する場合もある。制度を利用することから排除されたり、選別されたりといった状況に直面する場合があるのである。

　事例1の場合、まずは治夫さんが暮らす地域で治夫さんの存在にきちんと「気付いている人」、治夫さんと「つながりをつくれている人」、治夫さんと「対等のパートナーシップをもって、治夫さんが自ら利用したいと願う機関、制度につながることを支援する人」がいなければ、治夫さんの生活課題の解決に至る糸口にたどりつくことができない。

　また治夫さんの場合、知的障害の問題、就労困難、生活困窮、住所不定、社会的孤立、健康問題、生きる意欲の喪失といった課題を重複してもっている。しかし先に述べたように、縦割りの相談機関のシステムで解決しようとすると、最初に訪問する当該機関が扱い得る特定の問題に絞っての支援しか受けられず、ほかの問題は、別の機関を再度別の日に訪問して相談する、ということになりかねない。

　実際、課題を抱えながらもどこに相談に行けばよいかわからない人が多く潜在している。

　例えば、知的障害のある人、認知症が始まりかけている人、夫の暴力に苦しみながらそのことが外在化することへの恐怖感を抱えている人、子育て仲間がいない孤立状態の母子家庭、ひとりぼっちでひきこもり状態にある若者、生きることに絶望してしまった人、日本語が話せない外

第3章

国籍の人で生活困窮の状態にある人等が存在する。これらの人々は社会福祉実践の対象でありながら支援に到達できない人々である。

❷地域のつなぎ手の必要性

　地域には明らかに社会的支援が必要でありながら、自分の困難を第三者に説明できない、社会的に孤立している人々が存在している。制度・施策が整備され、細分化されていくと、どの機関に相談に行くことが適切なのかがわからない人々が存在する。

　また、治夫さんのように自らの問題を外在化できない対象者の場合には、身近な地域で「発見と気付き手」の役割を担い、行政機関、相談機関に通報したり、見守り役やときに相談機関につなぐ役割を果たす「つなぎ手」が求められてきている。かつては近隣の人や身近な人が、ご近所で要援護状態になってしまった人を見れば、おせっかいと言われようがそうした人々の地域のつなぎ手となっていた。相談にのったり、専門機関に関する情報を伝えたりするなど、強い結び付きが地域の中に形成されていた。家族もかつては「福祉の含み資産」と位置付けられ、要援護状態にある高齢者や障害者のケアを当然のように分担してきた。

　しかし、近年、相談にのってもらえるような人も支援できる家族もなく、地域は空洞化し、つながりのないひとり暮らしが増加傾向にある。要援護状態になりながらも、行政等による社会的支援のシステムに到達できず、社会的支援システムが機能し得ない事態が生じている。地域に生じている課題と支援システムの両者の間に大きな乖離があるのである。

　治夫さんの課題を解決するには、治夫さんに寄り添い、錯綜している問題の道筋を一緒に解きほぐしながら、とりあえず、まずできるところから、一歩一歩解決に向けて歩みをともに進めることができる、きめ細かな支援の方法を地域に構築していく必要がある。それにはアウトリーチの手法により治夫さんの存在を発見し、気付く人がいて彼のもとに出向き、信頼関係を一つひとつ積み上げていくこと、錯綜する課題解決に必要な地域の社会資源などを見極め、必要なネットワークを形成することが重要である。

　しかし、従来の相談機関、特に行政が設置する相談機関は、相談利用者が自身で受けたいと考える福祉サービスを選択し、そのための相談機関を訪問し、自身の生活上の困難を相談担当者に訴え、サービスに結び付くという行動を自ら起こすものと考えがちである。いわゆる利用者が役所の窓口に出向く「申請主義」の時代が長く続いたのである。その場

合、相談担当者は、対象者の来所を待つという手法をとる。しかしながらそのような相談の体系に加えて、自らは行動を起こしにくい対象者が相談機関の早期利用に至るよう支援する、地域の支援システムと連結するネットワークの構築が急がれる。

　また、問題を重複してもつ対象者の場合には、総合的に支援するワンストップ相談の窓口を設定して相談体制を整えることが求められている。さらにいえば、近年各地に「コミュニティカフェ」「居場所」「サロン」と表現される小さな拠点が小地域単位で生まれている。こうした、身近にちょっと立ち寄って気軽に相談のできる入り口を形成するはたらきも重要である。

（3）多様な生活課題を抱えながら福祉制度が利用できない対象者の姿

　治夫さんのように多様な生活課題をもちながら、困っているが、つながりがつくれないために、情報が届かず、ニーズも自身も潜在化し、本人と社会福祉サービスが結び付かないような人は、困難を抱えながら地域に埋もれて、取り残された状態となってしまう。

　既存の制度内福祉サービスの利用によって解決し得る生活課題をもっている人が、適切な相談援助機関にたどりつくことができ、社会福祉サービスの利用に至ると、その人は社会福祉サービスの対象者となる。しかし、多様で重複した生活課題を有しているために支援の枠に当てはまらない、窓口となった相談機関の専門性が適していなかったなど、さまざまな要因で社会福祉サービスの対象に至らず、どこにもつながらないで深刻な状況になってしまう場合がある。

　そのような人々の特性を見てみると、いくつかの共通性がある。

❶相談機関に関する情報が届いていない場合

事例2

　良男さん（仮名）の母親は、日常生活に支障が出るほどに認知症が進み始めているが、母の介護にあたる息子の良男さんは、昼間仕事に出ていて近隣との付き合いはなく、相談相手もない。問題が発生しているが、どこに相談に行けばよいか皆目見当もつかないでいる。保健所という機関があることを知っているが、そこに行けば相談にのってくれるのかどうか、そもそも利用の方法がわからない等、困難に直面している。

母親の世代までは近隣との付き合いがあっても、単身の息子は地域でのつながりをつくりにくく、相談の糸口すら見つけることができないまま、サービス利用に至ることができないのである。

❷利用できる社会福祉サービスがようやく制定されたが、利用度が低い場合

既存の制度内福祉サービスでは当てはまらない対象領域に関しては福祉サービスの対象となり得ない。

例えば父子家庭の場合、ようやく、平成26（2014）年10月1日施行の「母子及び父子並びに寡婦福祉法」により、母子世帯同様に母子・父子自立支援員が配置され、母子世帯同様のサービスプログラムが開始されることとなった。父子家庭は子育ての悩み、慣れない家事、育児と仕事の板挟みで転職を繰り返すことになって、そのストレスから健康に自信をなくし、孤立感に苦しんでいる例が少なくないが、相談する場所に到達できない等の悩みを抱えている。

そのような問題が山積しているにもかかわらず、サービスはあっても利用制限があり、利用しにくいなどさまざまな要因で、ニーズがあってもサービス利用に至っていないという状況が起きていたのである。

次代の社会を担う子どもの健全な育成を図るために、次世代育成支援対策推進法等の一部を改正する法律の施行に伴い、関係法令の整備が行われた。これにより、父子家庭にも母子家庭と同様の措置がなされたのである。

父子家庭に対する福祉の措置の章を規定することにより、従来母子家庭のみに提供されてきた福祉の措置が父子家庭にも適用されることとなった。例えば、父子福祉資金、父子家庭日常生活支援事業、及び父子家庭自立支援給付金等、母子家庭に対する福祉の措置と同様の規定または準用の規定が新設された。

❸ニーズはあるが、サービス利用を拒む場合

重大な生活上の課題を抱えながらも、本人がサービス利用を拒否しているといった状況も起こる。これを事例で見てみよう。

事例3

母子家庭の花子さん（仮名）一家は2人の幼児の人権を脅かすような生活困窮にありながら、援助を受けることを拒み続けている。子どもにきちんと

食事を提供できず、保育所の給食で飢えをしのいでいる様子であったが、そのうち子どもたちは保育所にも通園しなくなってしまった。

　子どもを担当していた保育士は通園開始当初、風呂にも入っていない、あまり洋服も清潔でない、食事も十分に提供できていない等の状態から推察し、何とか支援ができないかと考え、ある日家庭訪問をしてみた。すると、花子さんは病を抱え、十分な就労もできず、生活は困窮状態にあることが見て取れた。

　しかし、花子さんは困窮していても、以前に訪問した相談機関での対応に傷つき、二度と相談支援機関の援助を受けたくないと決意し、援助を受ける気持ちはないことを強い口調で語っている。

　本事例は、本人の意思が固く、何らかの理由で社会福祉サービスの利用を拒み続けることで、子どもたちを含めて生命の危機にも直面するのではないかとの危惧を抱かざるを得ない状況であり、もし放置し、そのままにしてしまえば、この家族の上に重大な危機が訪れることが予測される。

　明らかに困窮状態にありながら、自らの生存権を守ることを拒否しているこの女性は、社会的に孤立し、生きる権利を放棄し、生きる意欲や希望を失っている社会福祉の対象者の姿としてそこにあることを意識しなくてはならない。

❹自らのニーズを外在化できずサービス利用に至らない場合

　問題を多く抱えながら、福祉サービスを利用したいという自らの意思表明が十分にできないために制度利用に至らない場合もある。

　例えば、生活困窮に陥ってしまった人が、知人の勧めを受け止めて福祉事務所にたどりつき、自らの意思を言葉にして担当者に伝えようとしても、本人の意思疎通能力が十分でないために、福祉事務所で受理してもらえないような場合がある。また、それまでの経験から役所に行くことが苦手でありながらもようやく福祉事務所までたどりついたのに、窓口で自身の困難をうまく語れないために、コミュニケーションが成立せず、窓口段階でつまずいてしまうことになり、サービス利用に至らない場合がある。

　これらの事例からもわかるように、生活課題を抱える人・家族等は社会福祉制度や施策、そのサービスなどについて、自分たちがどのような条件に当てはまるのか、どこのどのような窓口に行けば相談にのってもらえるのかわからず、また、コミュニケーションがうまくとれずにサー

〈図3-1〉問題発見と社会的対応のメカニズム

A群		C群
■当事者・家族はニーズに気付いている　　　　　　　　　　　　　＋ ■近隣の住民、親族、第三者(社協や関係機関)がニーズに気付く　＋		■当事者・家族はニーズに気付いているが、社会的情報・資源の利用法を知らない　　　　　　　＋－ ■近隣の住民、親族、第三者(社協や関係機関)はニーズに気付かない　－
■当事者・家族はニーズに気付かない　　　　　　　　　　　　　　－ ■近隣の住民、親族、第三者(社協や関係機関)がニーズに気付いているがかかわれていない　＋－		■当事者・家族はニーズに気付いていない　　　　　　　　　　　　　－ ■近隣の住民、親族、第三者(社協や関係機関)もニーズに気付いていない。適切な情報・資源がない　－－
B群		D群

(出典)『日常生活自立支援事業実践テキストブックⅠ』全国社会福祉協議会地域福祉部、2009年、44頁をもとに一部改変

ビス利用に結び付かないことが現実に起きていることを忘れてはならない。

　以上の事柄を図式化したものが、**図3-1**である。

　図のA群のみが社会福祉の対象として支援が開始され、課題解決が図られているが、B・C・D群はそれぞれの状況に合わせた対応が求められる。特に、D群に注目する必要がある。

3 利用者を全体としてとらえ、その人の地域・環境との相互作用を視座に入れる相談を

　事項別・分野別相談機関を利用者が訪問するという相談体制は相談の対象を限定してとらえるために、焦点を絞って相談機関が機能できるという点で優れているが、生活課題の矮小化、拡散化をもたらすという課題が残る。相談活動の利用者はときに、一人の利用者がいくつもの問題を抱えている場合や、一家族の中で複数の人が課題を抱えている場合、利用者が混乱状態にあるために解決したい問題や優先順位が絞れていない場合、一家の中で生じている問題が子どもの問題、高齢者の介護、さらに経済的困窮と重なっている場合などがあり、利用すべき社会福祉制度・施策の相談先機関も児童、高齢者、障害児・者等とで対象別に分け

られており、いくつも別の機関に足を運ばなければ問題の解決に至らないことになる。

　また、一家族の中で生じる生活課題はつながり合って、家族全員に波及していることが少なくないにもかかわらず、単一の領域の社会福祉サービスを利用することが、逆に解決すべき生活課題を矮小化したり拡散化したりする危険性が生じてしまうこともある。

　そこで近年、それぞれに対象を限定して実施する事項別、分野別相談に加えて「地域福祉相談活動」という提言が出され、「地域福祉相談活動」が求められる背景、めざす視点などを提案している。³⁾さらに、それを発展させて『総合相談・援助活動の手引』が刊行され、今までの相談活動、福祉サービスの問題点を明らかにし「総合相談・援助活動」の基本的な視点を提示している。⁴⁾

　利用者の抱える問題を個別化するという作業は利用者の抱える問題にのみ視点が注がれ、そこに問題を抱えて苦しむ利用者その人や、利用者とともに暮らす家族に十分かかわれていないという事態を招く場合がある。ソーシャルワーク実践が対象とするのは利用者が抱える生活課題だけでなく、問題を抱えて苦しむ生活者その人である。しかも、その生活者はそれぞれが生活を営む場である家族、所属集団、地域社会と無縁で生活しているのではない。

　したがって、相談活動の対象として利用者のみに着目するだけでなく、その人が生活者として暮らしている生活の場にいる家族、集団、あるいは生活の場であるコミュニティ等、その環境まで相談の視点を広げ、人と環境との交互作用を視座に入れて相談対象を広げてとらえる方法が開発されてきている。特に近年、所属する家族やコミュニティの質が変容しセーフティネットとしての機能を十分に果たせていない場合があることに着目しておく必要がある。利用者個人とその家族を包含する支援は、貧困の世代間連鎖を断ち切るためにも求められている。「子どもの貧困対策の推進に関する法律」が実効性のあるものとなることを期待したい。生活課題を抱える社会福祉の利用者は確実に存在しているのに、マクロに拡散し、「利用者」はサービスという名の下で矮小化してしまうというジレンマにあるといえよう。

4 相談機関はかかわる対象者に どのようにはたらきかけるか

これまで述べたように、生活問題の一部のみが制度・施策で対応できる対象としてしまうことで、機関の機能や設置の目的別に対象が限定されるということが起こりがちであった。相談に来た人の相談内容が自分の機関の役割とずれていると「この相談機関では扱えない」と伝え、他の機関や別の窓口を紹介するようなことが起きてしまうのである。

また、優先順位、利用資格要件などからカテゴリー化し、分類してしまうこともある。利用者をまず身近な地域で受け止め、利用者の自らの課題を解決していきたいという願いや、主体的な力を受け止め、利用者中心にニーズをとらえ直すことが求められる。問題を訴えた家族の成員、問題解決の担い手となる家族の成員、問題を抱えて苦しむ家族の成員など、一つの家族の中での役割、機能を明確にしつつ、そこにかかわり、利用者の声に耳を傾け、利用者の家族、コミュニティの文脈において尊厳ある存在としての利用者を理解することが求められている。大切なことは、相談機関やさまざまな地域の窓口に来られて相談をもちかけているということをまず受け止めることで、「うちの窓口は関係ない」と断ってしまうのではなく、しっかりと話を聴き、一緒に考え、このチャンスを逃さないことではないだろうか。その上で活用できる周辺の資源を含めて相談の対象として位置付けていくことが必要である。そこで明らかになるさまざまな問題の解決に向けては、地域の多様な資源を活用しつつ、利用者の問題にのみ目を向けるのではなく、地域における福祉課題へのアプローチをも見据えた援助の姿勢が求められる。

先にあげたように、地域にはさまざまな理由でニーズを抱えながら相談機関や福祉サービスにつながらない社会的孤立状態にある人々、社会的排除の状態にある人々がいる。そのような人たちへの対応を視座に入れた対象への接近方法について考慮していく必要がある。そうした視点に立ち、ニーズを抱えながら社会的孤立状態にあって福祉サービスが到達できていない個人や家族の存在、ニーズに気付き、発見し「ひとまず受け止めるワンストップ相談」「とりあえず、まず、受け止める支援」を行うなどの機能をもつ「地域総合相談」[*10] を身近な圏域で設置することが求められる。そこで展開される相談活動のポイントは以下のとおりである。

①拡散している、あるいは潜在している多様な生活問題を担う生活者

＊10
平成16（2004）年、全国社会福祉協議会地域福祉部に設置された「地域総合相談・生活支援システム及びワーカーの専門性に関する検討委員会」において「地域総合相談」という名称を用いている。

を排除しない、たらい回しにしない地域づくりと、コミュニティソーシャルワーカーと地域住民との「発見と気付きのシステムづくり」により、対象者の全体像を把握していく。

②相談内容を対象となる法制度・施策・ニーズなどから整理し、利用するサービスの全体が見えるよう支援のプロセスを明確にする。

③地域で安心して暮らし続けること、社会的孤立を防ぎ、誰も排除されない地域づくりをめざす中、支援する人・される人という対象理解を超えて、一人ひとりを地域の構成員として尊重し、人格的かかわりをもち、交わる中で、常に利用者とのかかわり方、相談担当者としてのあり方を問い続ける。

　また、個人や家族の問題解決を地域の福祉課題という枠組みでとらえ、組織、自治体、社会資源開発や地域の問題解決力の向上への支援（エンパワメント）も視野に入れて取り組むことを忘れてはならない。

　そのような視点に立つと、地域で行う相談活動において、相談活動の「対象」という表現は適切でないといえよう。この表現にはどこかで、地域住民である利用者を相談活動の対象として客体化して切り取ってしまう面が含まれるからである。利用者は、地域を構成する大切な一人である。相談担当者は、相談活動の受け手が地域住民（支え手）として地域の力を高め、真の意味で当事者の主体的側面を発揮する対等なパートナーとして位置付け、その潜在的可能性を発揮し得る支援を行うことが求められている。利用者は相談活動の主体であり、かつ、地域の住民として課題解決に参画する変革の核ともなり得るのである。

5 激動する社会で孤立と排除を防ぐ地域づくりを視座に入れる相談体制の構築に向けて

　地域住民からのさまざまな相談に対応する活動は、多様な実施主体が運営する相談機関によって実施されている。それらの相談活動を提供する機関は、相談業務を主たる事業としているものばかりではない。

　例えば、医療機関の場合、病気の治療が主たる業務であるが、医療相談室、地域連携相談室等が設置され、患者及び家族にかかわる生活面の相談を中心に多様な相談を受けている。入所型施設である高齢者施設や児童福祉施設、障害者施設、外国籍の人々の多文化を担って生きている人々の支援団体等が地域に門戸を開いて地域住民からの相談を総合的か

つ包括的に受ける場合もある。特に社会福祉法人改革の流れの中で、こうした地域に開かれた公益活動が求められている。

事例4

　ひとり暮らしの一郎さん（仮名、89歳）は妻と数年前に死別した。一郎さんは現在の居住地で生まれ育ち、ほかの地域で暮らした経験がない。父親から譲り受けた小さな町工場を営んできた。しかし、その工場も跡継ぎがなく、10年前に閉鎖してしまった。その間、地域の町内会長を長年務め、地域の世話役としても人望の厚い人であった。しかし、妻を亡くした後は、町内会の役員も退き、人付き合いも減り、住み慣れた地域でひっそりと暮らしてきた。妻が元気なころは人の出入りも多かったが、一郎さんは無口で、社交的な性格ではないせいか、近隣の人たちも、街で見かければ、あいさつをしたり声をかけたりすることもあったが、用事がなければ一郎さん宅を訪問する人がなくなってしまっていた。幼いころからの多くの友人はすでに他界し、親しい人が少なくなっていた。

　そのようななか、担当地域の民生委員がひとり暮らし高齢者を訪問する活動中に、一郎さん宅に立ち寄ったところ、一郎さんが亡くなっていたことを発見。しかも、死後10日以上が経過していたことがわかり、周囲の人々は大きな衝撃を受けたのである。一郎さんの血圧は高めであったが、特に寝たきりになるような持病があるわけでもなかった。以前に、言葉には出さないものの食事や洗濯、掃除などを一人でこなすのがとても大変であるように見受けられたので、近隣の人が見かねて一郎さんに施設入所を勧めたこともあるが、非常に強くその必要性を否定したあげくに怒り出してしまったことがあったため、福祉サービスとの縁もなく暮らしていたのである。

　地域の人々は身近でこうした孤独死のような事態が起きてしまったことをきっかけに、民生委員の声かけで地域のあり方についてみんなで勉強会を始めることとした。

　地域に暮らす高齢者の中には施設入所を選択せずに住み慣れた地域でひっそりと最期までその人らしく暮らすことを強く望む人々が少なからず存在している。一方、現在、全国で特別養護老人ホーム入所待機者は約27万5,000人といわれている[11]。今後急速に増加する後期高齢人口の伸び率を考慮すれば、高齢者のケアを入所型施設にのみ依存していては対応困難であることは自明といえよう。地域を基盤とする相談体制の再構築が求められているゆえんである。

　事例にある一郎さんのように、自らのニーズを外在化できず、サービス利用に至らない人々を早期に発見し、信頼関係を築きながら、地域で

*11
令和4（2022）年4月時点。令和元（2019）年12月、厚生労働省発表。平成27（2015）年4月より特別養護老人ホーム入所対象者は、原則、要介護3以上の者となった。要介護1・2の入所申込者は、2万2,000人と報告されている。

総合的かつ包括的な支援を届けるにはどのようなシステムが構築されねばならないか。また、前述したように生活課題を抱えながら誰にも相談することも支援を求めることもなく、ひきこもり状態で暮らす人々は全国で115万人以上いるといわれている。[*12]社会的に孤立状態のまま、誰に看取られることなく亡くなる以外にも、極端な場合、自死に至る場合も少なくないという。児童、高齢者に対するいじめ、虐待、生活保護世帯の増加が顕著である現状の中、それらの課題をしっかりと見据え、社会福祉実践のありようを問い直していくことが急務といえる。

このような背景から、全国社会福祉協議会は平成24（2012）年10月にこうした事態を未然に防止することを求め「地域における深刻な生活課題の解決や孤立防止に向けた社協活動の方向性」と題する「社協・生活支援活動強化方針」を発表した。全国各地の社協が生活支援・相談体制を強化することの必要性を明らかにし、生活支援のための徹底したアウトリーチによる問題解決に向けた体制の整備、地域のボランティアや住民組織・NPO団体との協働、小地域ネットワーク活動やふれあいサロン活動などの促進、住民同士のつながりを深めることの重要性などを提案している。すなわち、住民や関係者からの発見・相談が生かされる仕組みを地域にしっかりと根付かせることを提案しているのである。

また、一般社団法人「社会的包摂サポートセンター」は、東日本大震災をきっかけに24時間のフリーダイヤルによる何でも相談「よりそいホットライン」を運営している。令和元（2019）年度報告書によると、全国の地域センター、コールセンター合わせて36か所、ネットワーク組織368団体、連携団体1,544団体となっている。多様な機関、専門職、市民団体の支援を得て運営され、DV（ドメスティック・バイオレンス）、性暴力被害、セクシャルマイノリティ等、実に多様な相談がもち込まれ、かけてきた電話相談件数1,106万8,832件、つながった件数は20万8,110件である。[5]

このような「ホットライン」には、一般ライン電話相談から、必要なら専門ラインにつなぎ、事例によっては面接相談に切り替え、支援機関につなぐだけでなく、同行訪問等も場合により行う。たらい回しにしないこと、伴走型であること、寄り添い型であること、解決に向けて多様な実践主体が協働してかかわることなどに特徴がある。行政や一部の専門家による相談から、幅広い市民との協働、あるいはソーシャルビジネスの領域にまで拡大されながら、従来できていなかった、孤立し支援の手が届かなかった人々に寄り添い、誰も孤立させないための相談・支援

*12
内閣府「若者の生活に関する調査報告書」（平成28年）及び内閣府「生活状況に関する調査」（平成30年度）の推計値より合算。

第3章

体制が創設されつつある。

さらに、「生活困窮者自立支援法」に基づく「自立相談支援事業」が平成27（2015）年4月から全国で新しい制度として実施され始めた。これまで十分に対応できていなかった、生活保護受給者以外の生活困窮者への支援の強化が進められている。こうした制度による総合相談が大きな力を発揮することを期待したい。

以上、相談活動の利用者の変化、特に孤立、重複化、家族の中に複数の要支援者が存在するという現実を見てきた。こうした変化をふまえ、本章では「地域に根ざす総合的・包括的相談活動」の必要性とその方法について述べている。

6 個別支援、地域づくりを視座に入れた一体的支援、資源の創生と開発を

ある家族の子どもの不登校の問題でソーシャルワーカーが相談にかかわるとき、不登校の子どもから学校以外の居場所やフリースクールがあれば行ってみたいという要望があり、さらに家族からそうした資源を一緒につくろうと考えている仲間を探したいとの要望も出されることがある。このような場合、子どもと家族の課題に焦点を当てる個別支援にとどまらず、地域で当事者同士が組織化を図ることや、さらに活用できる資源を開発・創生する地域づくりも社会福祉実践の対象であることを視座に入れて実践を組み立てることが求められている。

個別支援という相談活動の進め方を基点にしつつ、個人・家族が生活する場、地域の資源をつなぎ、変革、開発をも、ともに進めるソーシャルワークの力を身に付けることが求められている。

7 ネットワーク活動の重要性

以上のようなソーシャルワークの対象の変化を見た上で、次の諸点を提案したい。

① 「相談機関に来所することを待っている相談」ばかりではなく、「地域に出向いていく－アウトリーチする相談」を進めることの必要性が読み取れる。地域に困難を抱えているが埋もれている利用者に多くの課題が潜在化していくことが予測される。「発見と気付き」を行いやすい地域づくりが求められる。それも一機関、一人のワー

カーが行うのではなく地域住民が地域共生社会を構成する一員として、困難を抱えている人や家族を見かけたら、声かけ、見守り、ときに専門職につなぐなどのはたらきが不可欠である。特に急速に広がる新型コロナウイルスの感染予防により、生活者としての営みがむずかしい人々が急増している。

②地域に根ざす総合的・包括的支援を行う相談を実現するには、一人であるいは一機関で困難ケースを扱うのは限界がある。そのためには地域でネットワーク会議を行うことを常態化する必要がある。先にあげたように、複雑で、多様な生活課題を重複してもつ利用者、一家族の中に複数の要支援者が存在することはまれではなくなってきている。このような家族支援を行うには、関係機関に呼びかけて、ケース会議を行うことを常態化する必要がある。日ごろから職場でケース会議、ケース検討を行う習慣のある職場は、これを機関内で行うにとどまらず、関連する機関であれば、情報を共有することが絶対に必要になる。

　ネットワークを形成するには、自治体単位ですでに行うことを進めている場合は動きやすいが、そうでない場合は組織間で連絡会議を発足させることが求められる。そうしないと、単なる勉強会の域を出ない恐れがある。担当者同士が、必要性からネットワークを形成して会議を始めた場合は、組織として担える手続き上の工夫が必要になる。

③こうした連携・協働により利用者の支援を行うには、ソーシャルワークの近年の動向を学ぶ研修は不可欠である。利用者主体の相談は、地域を土台につくり上げるモデルがすでにイギリスにある。1968年のシーボーム報告以降、1970年代に地方自治体社会サービス法の成立をみた後、研修体系を構築しながら実施していった例がある。わが国での地域包括ケアの推進に向けた動きは機関を越え、職種を越え、専門領域を越境して学び合う機会が必要である。特に近年、事例検討の仕方もさまざまな工夫が積み重ねられている。こうした創意工夫が求められる。新しい社会福祉士養成カリキュラムの実体化、現場職員の研修が急がれる。新型コロナウイルス後の時代状況から情報の扱い方、オンラインストレージが大きく変化している。会議も直接同じ場に集わなくともさまざまな工夫が提示され始めている。相談支援はソーシャルワークの手法を確実に取り入れて大きく進化することを期待したい。

引用文献
1）日本ソーシャルワーク教育学校連盟「『社会福祉士養成課程の見直しを踏まえた教育内容及び教育体制等に関する調査研究事業』実施報告書」厚生労働省社会福祉推進事業、2020年、99〜100頁
2）上野谷加代子 編著『共生社会創造におけるソーシャルワークの役割』ミネルヴァ書房、2020年、ⅰ頁
3）『地域福祉相談活動の展開を目指して』全国社会福祉協議会、1986年、1〜15頁
4）『総合相談・援助活動の手引』全国社会福祉協議会、1992年、1〜6頁
5）よりそいホットライン報告書　平成29年度版　一般社団法人社会的包摂サポートセンター、9〜10頁

参考文献
● 岩田正美「社会福祉研究における対象論研究の到達水準と展望−対象論研究の視角−」『社会福祉研究』2001年4月、第80号、鉄道弘済会
● 吉田久一・岡田英己子『社会福祉思想史入門』勁草書房、2000年
● 山辺朗子『ジェネラリスト・ソーシャルワークの基盤と展開−総合的包括的な支援の確立に向けて』ミネルヴァ書房、2011年

第2節 ソーシャルワーク専門職：社会福祉士・精神保健福祉士

1 ソーシャルワークの担い手とその歴史的展開

　相談援助は、人の歴史とともにあるといえる。当初は、家族として、近隣者として、親族として行ってきたものが、時代を経る中で社会が複雑化し、また課題が深刻化するのに伴い、専門化し、ソーシャルワークが出現してきたといえる。ソーシャルワークに関する専門的知識を蓄積すると同時に専門職としての倫理を兼ね備えるようになり、それらが社会から承認されることによって、専門職として成立してきたといえる。その一方で、社会福祉援助の専門職（保育士・介護福祉士等）は、その専門職領域において相談・支援を担うようになり、さらには、ソーシャルワーク機能をもつようになっている。また、これらの専門職の支援では解決が困難な領域のニーズが認識される中で、そのようなニーズを充足することができるボランティアなどの非専門家による支援の重要性が再認識されている。

　現在、ソーシャルワーク機能は、社会福祉士、精神保健福祉士が中核的な位置付けにあるが、同時に保育ソーシャルワーク等、保育士や介護福祉士等の福祉専門職によっても担われてきつつある。さらに、ボランティアや地域住民、当事者等の非専門職など、多様な人々によってソーシャルワークと隣接する相談支援の機能が担われているということができる。

　戦後、初めて法的に位置付けられた社会福祉に関連する職種は、社会福祉主事（任用資格）である。昭和26（1951）年に成立した「社会福祉事業法（現 社会福祉法）」で社会福祉主事が制度化された。当時、日本における社会福祉の専門性を担保する唯一の資格であった。その後、昭和62（1987）年に「社会福祉士及び介護福祉士法」が成立した。これによりいわゆるソーシャルワーカー、ケアワーカーの資格として、それぞれ社会福祉士、介護福祉士が国家資格となった。平成元（1989）年に第1回の社会福祉士、介護福祉士の国家試験が実施された。さらに平成9

（1997）年には、「精神保健福祉士法」の成立により、精神保健分野のソーシャルワーカーの資格として精神保健福祉士が国家資格となった。同年、高齢者分野では「介護保険法」が成立し、介護保険にかかわる職種として「介護支援専門員」（ケアマネジャー）が制度化された。一方、児童分野では、平成13（2001）年の「児童福祉法」改正[*13]により、これまで児童福祉施設の任用資格であった保育士が国家資格となった。

　本節では、ソーシャルワークの中核的な担い手である、社会福祉士、精神保健福祉士について概観する。次の第3節においては、社会福祉士・精神保健福祉士が任用要件の一つとされている社会福祉主事、査察指導員、児童福祉司、身体障害者福祉司・知的障害者福祉司について、また、ソーシャルワーク機能が期待されている介護福祉士、保育士、介護支援専門員について、さらに、法的根拠をもつ地域の相談支援を担う非専門職である民生委員・児童委員について概観する。

2 社会福祉士とは

（1）社会福祉士の役割と基本的性格

　社会福祉士は、昭和62（1987）年に公布された「**社会福祉士及び介護福祉士法**」により、介護福祉士とともに誕生した**名称独占**のソーシャルワーク専門職の国家資格である。

　同法では、社会福祉士を「社会福祉士の名称を用いて、専門的知識及び技術をもつて、身体上若しくは精神上の障害があること又は環境上の理由により日常生活を営むのに支障がある者の福祉に関する相談に応じ、助言、指導、福祉サービスを提供する者又は医師その他の保健医療サービスを提供する者その他の関係者との連絡及び調整その他の援助を行うことを業とする者をいう」（第2条）と規定している。

　同法に基づいて平成元（1989）年に第1回の国家試験が実施され、168人の社会福祉士が誕生した。令和5（2023）年（第35回）の社会福祉士国家試験の合格者は1万6,338人、合格率は44.2％である。

　また、令和5（2023）年7月末日現在の社会福祉士登録者は全国で28万6,841人となっている。

　社会福祉士に求められている役割として、福祉課題を抱えた者への相談支援を中心に、関係機関と連携をもち、総合的かつ包括的な相談援助を展開するとともに、地域福祉の推進にはたらきかけることがあげられる。

　同法では、このような役割をもつソーシャルワーク専門職として不可欠な要素をふまえ、社会福祉士の義務、欠格事項を決め、社会福祉士が履修すべき科目など、社会福祉士資格の取得方法を定めている。

（2）社会福祉士の義務

　社会福祉士は、援助対象者の生活に深くかかわるソーシャルワークを行うため、重い責任が伴う。個人の尊厳を尊重し、包括的な援助を展開するために、社会福祉士には、「**誠実義務**」「**信用失墜行為の禁止**」「**秘密保持義務**」「**連携**」「**資質向上の責務**」「**名称の使用制限**」が義務として課せられている。各項目の内容は**表3-1**のとおりである。

　このうち、「誠実義務」と「資質向上の責務」については、平成19（2007）年の法改正において、新たに加えられたものである。また、支援において連携が重視されてきているのに伴い、同年の法改正によって、「保健医療サービス、福祉サービス関係者との連携を、地域の特性に応じて創意・工夫をする」という例示がされ、より具体的なものとなった。

　また、特に対象者に不利益をもたらす「秘密保持義務」及び「名称の使用制限」に違反した場合の罰則についても規定されている。さらに、「信用失墜行為の禁止」及び「秘密保持義務」に違反したときは、厚生労働大臣により、登録の取り消しや期間を定めた社会福祉士の名称の使用の停止を命じられることがあるとされている。

〈表3-1〉社会福祉士の義務

誠実義務 （第44条2）	その担当する者が個人の尊厳を保持し、自立した日常生活を営むことができるよう、常にその者の立場に立って、誠実にその業務を行わなければならない。
信用失墜行為の禁止 （第45条）	社会福祉士の信用を傷つけるような行為をしてはならない。
秘密保持義務 （第46条）	正当な理由がなく、その業務に関して知り得た人の秘密を漏らしてはならない。社会福祉士でなくなった後においても、同様とする。 〈罰則〉1年以下の懲役又は30万円以下の罰金（第50条）
連携 （第47条）	業務を行うに当たっては、その担当する者に、福祉サービス及びこれに関連する保健医療サービスその他のサービスが総合的かつ適切に提供されるよう、地域に即した創意と工夫を行いつつ、福祉サービス関係者等との連携を保たなければならない。
資質向上の責務 （第47条2）	社会福祉を取り巻く環境の変化による業務の内容の変化に適応するため、相談援助に関する知識及び技能の向上に努めなければならない。
名称の使用制限 （第48条）	社会福祉士でない者は、社会福祉士という名称を使用してはならない。 〈罰則〉30万円以下の罰金（第53条）

（出典）社会福祉士及び介護福祉士法より筆者作成。カッコ内は同法条文

（3）社会福祉士資格取得ルート

　社会福祉士になるには、所定の学校において指定された科目を履修し、指定された施設で相談援助業務に携わることで受験資格を取得した後に、社会福祉士国家試験に合格する必要がある（第4条）。合格後、社会福祉士登録簿に登録を行うことで、社会福祉士となる（第28条）。

　社会福祉士国家試験受験資格を得る方法としては、**図3-2**のとおり、全部で12ルートがある。

（4）社会福祉士養成科目

　国家試験の試験科目であり、養成課程で習得する科目として、**表3-2**のとおり23科目が定められている。[*14]

　これらの科目は、求められる社会福祉士像にかなったものとして定められたものであるが、（3）で述べた国家試験受験資格取得のルートによってそれぞれ指定科目、基礎科目としての履修科目と履修時間数が規定されている。

＊14
ただし、指定された施設で所定の期間、所定の業務を行っている場合は、ソーシャルワーク実習指導・ソーシャルワーク実習は免除される。

〈図3-2〉社会福祉士受験資格取得ルート図

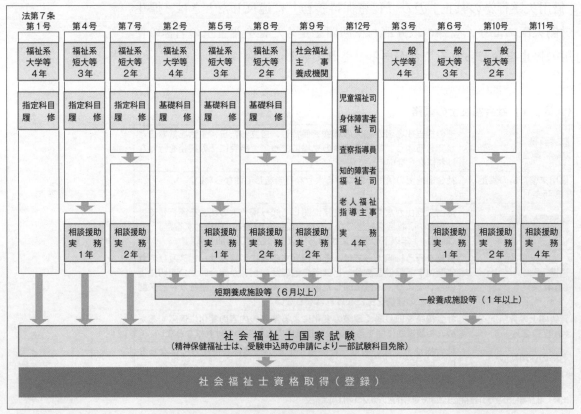

（出典）社会福祉振興・試験センターホームページ（令和5〔2023〕年9月1日現在）

〈表3－2〉社会福祉士養成科目

	一般養成 （時間数）	短期養成 （時間数）	大学等	
			指定科目	基礎科目
①医学概論	30		○	○
②心理学と心理的支援	30		○	○
③社会学と社会システム	30		○	○
④社会福祉の原理と政策	60	60	○	
⑤社会福祉調査の基礎	30		○	○
⑥ソーシャルワークの基盤と専門職	30		○	○
⑦ソーシャルワークの基盤と専門職（専門）	30		○	○
⑧ソーシャルワークの理論と方法	60	60	○	
⑨ソーシャルワークの理論と方法（専門）	60	60	○	
⑩地域福祉と包括的支援体制	60	60	○	
⑪福祉サービスの組織と経営	30		○	○
⑫社会保障	60		○	○
⑬高齢者福祉	30		○	○
⑭障害者福祉	30		○	○
⑮児童・家庭福祉	30		○	○
⑯貧困に対する支援	30		○	○
⑰保健医療と福祉	30		○	○
⑱権利擁護を支える法制度	30		○	○
⑲刑事司法と福祉	30		○	○
⑳ソーシャルワーク演習	30	30	○	
㉑ソーシャルワーク演習（専門）	120	120	○	
㉒ソーシャルワーク実習指導	90	90	○	
㉓ソーシャルワーク実習	240	240	○	

（出典）厚生労働省社会・援護局福祉基盤課福祉人材確保対策室「社会福祉士養成課程における教育内容等の見直しについて」令和元（2019）年6月28日

（5）欠格事由

　以下の場合には社会福祉士となれないことが定められている（第3条）。

　①心身の故障により社会福祉士の業務を適正に行うことができない者（厚生労働省令で定めるもの）

　②禁錮以上の刑に処せられ、その執行を終わり、または執行を受けることがなくなった日から2年を経過していない者

　③社会福祉等に関する法律の規定による罰金刑に処せられて執行を終わり、または執行を受けることがなくなってから2年を経過していない者

　④登録を取り消されてから2年を経過しない者

3 社会福祉士制度の成立の背景と見直しの経緯

(1)「社会福祉士及び介護福祉士法」の成立と背景

　同法は、昭和62（1987）年に福祉関係3審議会合同企画分科会より出された「福祉関係者の資格制度について（意見具申[*15]）」に基づいて制定のはこびとなったものである。

＊15
中央社会福祉審議会企画分科会、身体障害者福祉審議会企画分科会及び中央児童福祉審議会企画部会小委員会合同会議「福祉関係者の資格制度について（意見具申）」（昭和62〔1987〕年3月23日）。

　意見具申では、社会福祉士資格制度の法制化が必要な理由について、①高齢化と福祉ニードへの専門的対応、②シルバーサービスの動向、③国際化と福祉専門家の養成、の3点から説明している。

　高齢化の進展と年金制度の拡充に伴って、福祉サービスに対する国民のニードが多様化する中で、民間を含めた福祉サービス供給の多様化、充実強化が図られてきていたこと、それに伴い、福祉サービスにおける人材の確保と資質の向上を図る必要が出てきたこと、特に、後期高齢者の増加に伴い、要介護高齢者の増大や介護者の高齢化が予測される中、専門的知識と技術をもって、在宅介護体制を支援する人材の養成が急務となってきたこと、などが成立の理由としてあげられる。

　さらに、この時期、シルバーサービス等民間部門による福祉サービス供給分野が拡大しつつあったが、この民間部門における創意工夫と活力をいかす観点から、法的関与を最小限にとどめつつ健全な育成を進めるために、従事者の資格制度を創設することが必要であるとしている[*16]。

＊16
本節＊15に同じ。

　また、昭和61（1986）年に国際社会福祉会議が日本で開催された際に、「社会福祉専門職制度の国際比較」をテーマとした予備会議が行われた。そこで日本における福祉専門家の養成が立ち遅れていることが明らかになったことが、資格制度が生まれる機運となった、と指摘されている[1]。

　このような背景の中、「社会福祉士及び介護福祉士法」は昭和62（1987）年5月26日に公布、平成元（1989）年に第1回の国家試験が行われた。

(2) 平成12（2000）年教育課程等の見直し

　1990年代後半、わが国では社会福祉基礎構造改革の議論が進み、利用者本位の制度、地域福祉の充実が求められるようになった。福祉サービスも質の高さと拡充が求められる中、サービスの担い手である社会福祉士の質がいっそう問われるようになった。

　平成11（1999）年に「福祉専門職の教育課程等に関する検討会報告

書」が出されたが、同報告書では、以下の資質を備えた「期待される社会福祉士像」が提示された。

　①生活上の援助を必要としている者及びその家族が抱えている問題を的確に把握し、適切な相談援助技術を活用して必要な援助を提供できること。

　②具体的な援助過程において、人権の尊重、権利擁護、自立支援等の視点に立った相談援助ができること。

　③他の保健医療福祉従事者等と連携し、協働して援助ができること。

　④資質の向上を図るために自己研鑽とともに後進の育成に努めること。

　報告をふまえて見直しが行われ、平成12（2000）年には新たな社会福祉士教育課程が実施された。そこでは、人権尊重、自立支援等の理念を実践に即して理解すること、対象理解を深めることを目的に、社会福祉援助技術系科目が改組された。講義科目として設定されている「社会福祉援助技術総論」「各論Ⅰ」「各論Ⅱ」は統合され「社会福祉援助技術論」となり、時間数は合計180時間であったものが120時間と減少した。一方で、「社会福祉援助技術演習」の履修時間数は60時間から120時間へと2倍に拡充された。「社会福祉援助技術実習」（270時間）については、「社会福祉援助技術実習」（180時間）と「社会福祉援助技術実習指導」（90時間）に分離・創設され、実習前・後指導の充実が図られた。さらに教員による実習施設への週1回の実習巡回指導が導入された。演習と実習を充実させることで、ソーシャルワークの理念に基づいたスキル習得の強化が図られたといえる。*17

（3）平成19（2007）年「社会福祉士及び介護福祉士法」改正

　平成18（2006）年に社会保障審議会福祉部会は、制度を取り巻く変化をふまえて、「介護福祉士制度及び社会福祉士制度の在り方に関する意見」（平成18〔2006〕年12月12日。以下、「在り方に関する意見」）を取りまとめた。平成19（2007）年には、答申をふまえて「社会福祉士及び介護福祉士法」が改正され、平成21（2009）年より施行されることとなった。

　「在り方に関する意見」では、今後社会福祉士の活躍が期待される分野として、以下をあげた。

　①地域包括支援センター等における地域を基盤とした相談援助

　②相談援助事業や就労支援事業による障害者の地域生活支援

　③生活保護制度における自立支援プログラムによる就労支援の推進

*17
また、この際の改正により、従来は規定の科目は養成機関卒業時にすべて習得していることが求められていたものが、社会福祉援助技術実習（実習指導を含む）に限り、卒業後に履修し、受験資格を取得することが認められることとなった。

103

④権利擁護、成年後見制度等の新しいサービスの利用支援

⑤地域福祉計画の策定等の新しい行政ニーズへの対応

　また、そのようななかでの社会福祉士に求められる役割として、下記の3点を示した。

①福祉課題を抱えた者からの相談に応じ、必要に応じてサービス利用を支援するなど、その解決を自ら支援する役割

②利用者がその有する能力に応じて、尊厳をもった自立生活を営むことができるよう、関係するさまざまな専門職や事業者、ボランティア等との連携を図り、自ら解決することのできない課題については当該担当者への橋渡しを行い、総合的かつ包括的に援助していく役割

③地域の福祉課題の把握や社会資源の調整・開発、ネットワークの形成を図るなど、地域福祉の増進にはたらきかける役割

　ここでは、相談援助に加えて、関係者と連携・協働を図ることで包括的な援助・支援が行えること、地域福祉の増進に寄与できることが社会福祉士に求められる役割として強調されている。

　このような役割を果たせる人材を養成することを目的に、「社会福祉士に関する科目」は5つの科目群、22科目が設定された。

（4）令和2（2020）年教育課程等の見直し

　平成30（2018）年3月27日に、社会保障審議会福祉部会福祉人材確保専門委員会から、報告書「ソーシャルワーク専門職である社会福祉士に求められる役割等について」が出された。ここでは、本格的な高齢化社会の到来に備えた地域包括ケアシステム、地域共生社会の実現に向けて、地域コミュニティを育成することが求められているところから、ソーシャルワーク機能について示された。[18]

*18
具体的内容は本書第1章第2節表1-2参照。

　同報告書では、社会福祉士は「地域共生社会の実現に向けて求められる複合化・複雑化した課題を受け止める多機関の協働による包括的な相談支援体制」を構築すること、そして、「地域住民等が主体的に地域課題を把握して解決を試みる体制の構築やその後の運営推進において中核的な役割を担う」とされている。同報告書を受け、令和2（2020）年にカリキュラム改定が行われた。

　本節で紹介したカリキュラムは同改定によって実施されることとなったものである。この変更により科目の改組が行われたのとともに、実習時間が従来の180時間から240時間へと拡充したこと、実習は、機能等の異なる2か所以上の実習施設等で実施することとなった。

　このように、社会福祉士は、基本的な姿勢を保持しつつ、社会において顕在化する福祉的な課題に応じた実践が行えるよう、教育プログラムを見直してきているといえる。

4 精神保健福祉士とは

　精神保健福祉士は、「精神障害者の保健及び福祉に関する専門的知識及び技術をもって、精神科病院その他の医療施設において精神障害の医療を受け、又は精神障害者の社会復帰の促進を図ることを目的とする施設を利用している者の地域相談支援の利用に関する相談その他の社会復帰に関する相談に応じ、助言、指導、日常生活への適応のために必要な訓練その他の援助を行うことを業とする者」（精神保健福祉士法第2条）と規定されている。

　精神保健福祉士は、平成9（1997）年に公布された精神保健福祉士法に基づく精神保健分野のソーシャルワークの国家資格である。社会福祉士同様に名称独占の資格である。社会福祉士がすべての領域に共通するソーシャルワークの資格であるのに対し、精神保健福祉士は精神保健分野に特化した資格であるといえる。

　令和5（2023）年の精神保健福祉士国家試験（第25回）の合格者は4,996人、合格率は71.1％であり、精神保健福祉士登録者は全国で10万3,799人である（令和5〔2023〕年7月末日現在）。

　精神保健福祉士になるには、精神保健福祉士受験資格を取得し、精神保健福祉士国家試験に合格した後、精神保健福祉士登録簿への登録を行う。受験資格を得るには、定められた科目の履修、精神保健福祉士法で定められた指定施設での経験を経ること等が必要である。

　指定科目は、**表3-3**のとおり、18科目の講義科目、そして4科目の演習・実習科目の合計22科目が設定されている。このうち、①～⑩の講義科目10科目、及び⑬⑮⑲の演習・実習科目3科目の計13科目は、社会福祉士との共通の科目とされる。また、社会福祉士・精神保健福祉士のいずれかの資格を取得している場合、相互に共通している科目の試験は免除されることとなっている。

〈表３－３〉　精神保健福祉士養成科目

	一般養成施設	短期養成施設	大学等	
			指定科目	基礎科目
①医学概論	30時間		○	○
②心理学と心理的支援	30		○	○
③社会学と社会システム	30		○	○
④社会福祉の原理と政策	60		○	○
⑤地域福祉と包括的支援体制	60		○	○
⑥社会保障	60		○	○
⑦障害者福祉	30		○	○
⑧権利擁護を支える法制度	30		○	○
⑨刑事司法と福祉	30		○	○
⑩社会福祉調査の基礎	30		○	○
⑪精神医学と精神医療	60	60	○	
⑫現代の精神保健の課題と支援	60	60	○	
⑬ソーシャルワークの基盤と専門職	30		○	○
⑭精神保健福祉の原理	60	60	○	
⑮ソーシャルワークの理論と方法	60	60	○	
⑯ソーシャルワークの理論と方法（専門）	60	60	○	
⑰精神障害リハビリテーション論	30	30	○	
⑱精神保健福祉制度論	30	30	○	
⑲ソーシャルワーク演習	30		○	○
⑳ソーシャルワーク演習（専門）	90	90	○	
㉑ソーシャルワーク実習指導	90	90	○	
㉒ソーシャルワーク実習	210	210	○	

（出典）厚生労働省社会・援護局障害保健福祉部精神・障害保健課「精神保健福祉士養成課程における教育内容等の見直しについて」令和元（2019）年６月28日

5 精神保健福祉士制度の成立の背景とその後

（1）成立の背景

　わが国において、社会的に受け入れ条件が整えば退院可能な精神障害者の多くが入院を継続していることが問題視される中で、平成７（1995）年「精神保健及び精神障害者福祉に関する法律」（精神保健福祉法）が成立した。これにより、かねてから進められていた精神障害者の社会復帰の促進に加えて、自立と社会経済活動への参加の促進が法の目的に規定された。

　精神保健福祉士は、この精神障害者の社会復帰に関するソーシャルワークを行う専門職として期待され、誕生したといえる。

（2）成立以降の精神保健福祉士の進展

　平成16（2004）年に厚生労働省精神保健福祉対策本部により出された「精神保健医療福祉の改革ビジョン」において、入院医療中心から地域生活中心へと、精神障害のある人の生活の場に関する基本方針が出され

たが、ここでは精神保健福祉士は、社会復帰のための相談援助の担い手として位置付けられている。

さらに、平成20（2008）年10月に「精神保健福祉士の養成の在り方等に関する検討会」が出した中間報告書を受け、厚生労働省は平成22（2010）年3月に「精神保健福祉士養成課程における教育内容等の見直しについて」を発出した。そこでは、精神保健福祉士に期待される領域として、新たに、司法領域、教育領域、労働領域があげられた。また、うつ病等の気分障害、認知症、発達障害などへの対応も求められた。[*19]これらの社会的要請に応じられるよう、精神保健福祉士の教育内容が見直された。

令和2（2020）年には、「精神保健福祉士養成課程における教育内容等の見直しについて」（厚生労働省社会・援護局障害保健福祉部精神・障害保健課）において、先にあげた領域拡大、対象疾患の拡大といった変化に加え、ギャンブル等各依存症への対応、精神障害に対応した地域包括ケアシステムの構築等に応じることができる専門職とされるべく、先に示した教育カリキュラムが示された。

＊19
精神保健福祉士の養成の在り方等に関する検討会「精神保健福祉士の養成の在り方等に関する検討会中間報告書」（平成20〔2008〕年）。

第3章

6 社会福祉士制度の今後

これまでに述べてきたように、社会における福祉的課題の変化と社会福祉の政策の展開に伴い、ソーシャルワークの専門職である社会福祉士、精神保健福祉士に期待される役割は広がりを見せてきている。これまでも、社会福祉を目的とする機関や施設での活動のみならず、医療領域（医療ソーシャルワーク）、教育領域（スクールソーシャルワーク）、そして近年は司法領域や労働領域におけるソーシャルワーク実践が進展してきている。今後、なおいっそう、時代の要請を把握し、的確に実践できる力量が求められているといえる。そのようななか、社会福祉士有資格者のスキルアップの仕組みとして、認定社会福祉士制度が構築された。また、グローバリゼーションの潮流の中、社会における多様な人々との共生が大きな課題となっている。ここでは、このような現代の社会背景の中での社会福祉士における課題をあげる。

（1）スキルアップの仕組みとしての「認定社会福祉士制度」の発足

社会福祉士はすべての領域に共通するソーシャルワークの資格というジェネリックな資格として位置付けられている。養成にあたっても、どの領域でのソーシャルワークにも基本的に対応できるようなソーシャル

ワークの基盤づくりがなされている。同時に、社会福祉士となった後に、領域に特化した知識も備えた社会福祉士としてスキルアップしていく道筋を示すことが求められている。

そのようななか、社会福祉士の職能団体である日本社会福祉士会を中心に、社会福祉士関連団体は社会福祉士のスキルアップの仕組みについて討議を重ね、平成23（2011）年に「認定社会福祉士認証・認定機構」を設立するに至った。

同機構では平成24（2012）年より**認定社会福祉士**の研修の認証を開始し、令和5（2023）年現在、905人の認定社会福祉士が認定されている。[*20]また、**認定上級社会福祉士**についても、平成27（2015）年に認定が開始された。

＊20
公益社団法人日本社会福祉士会ホームページより。

＊21
全米ソーシャルワーカー協会（NASW）では、基準と指標として10項目を示している。

（2）グローバリゼーションに伴う多文化ソーシャルワークの必要

地球規模のグローバリゼーションの広がりに伴い、わが国において、在留外国人の総数は約307万5,213人（令和4〔2022〕年末、出入国在留管理庁）となり前年より11.4％増加した。今後も増加することが見込まれる。

多様な言語や文化的背景をもつ在日外国人においては、コミュニケーションの困難、文化や生活習慣の違い等、生活課題や社会的包摂にかかわるさまざまな課題をもつ。このような人々を対象として、多文化共生をめざす多文化ソーシャルワークの必要性が高まっている。その核となるカルチュラル・コンピテンスの涵養[*21]は、今後のソーシャルワーカーに求められる資質であるといえる。

引用文献
1）秋山智久『社会福祉専門職の研究』ミネルヴァ書房、2007年、3～4頁。京極高宣『福祉専門職の展望』全国社会福祉協議会、1987年、129～131頁

参考文献
- 秋山智久『社会福祉専門職の研究』ミネルヴァ書房、2007年
- 秋山智久『社会福祉士及び介護福祉士法成立過程資料集1−3』近現代資料刊行会、2008年
- 平野方紹「社会福祉士養成カリキュラムの変更点」『社会福祉教育年報1999年度版〔第20集〕』日本社会事業学校連盟、1999年
- 石川到覚「精神保健福祉士資格の成立と現状」ソーシャルケアサービス従事者研究協議会 編『日本のソーシャルワーク研究・教育・実践の60年』相川書房、2007年
- 宮嶋　淳「社会福祉士資格制度の成立と現状」ソーシャルケアサービス従事者研究協議会 編、前掲書、相川書房、2007年
- 京極高宣『福祉専門職の展望』全国社会福祉協議会、1987年
- 厚生労働省「精神保健医療福祉の改革ビジョン」2004年

第3節 社会福祉士・精神保健福祉士に関連する職種

1 社会福祉士を任用資格とする職種

　公務員として社会福祉を担う職種の場合、一定の要件を満たしていることを条件とし、実際に職務に任用されることで初めてその資格として位置付けられるもの（任用資格）がある。これらの任用資格には、社会福祉主事、査察指導員、児童福祉司、身体障害者福祉司・知的障害者福祉司等がある。

（1）社会福祉主事

　社会福祉主事は、社会福祉法に規定される任用資格である。都道府県、市及び福祉に関する事務所（以下、福祉事務所）を設置する町村には、社会福祉主事を置くことが義務付けられている。

　社会福祉主事の職務は、都道府県では生活保護法、児童福祉法、母子及び父子並びに寡婦福祉法に定める援護または育成の措置に関する事務を行うこと、市及び福祉事務所を設置する町村では、生活保護法、児童福祉法、母子及び父子並びに寡婦福祉法、老人福祉法、身体障害者福祉法及び知的障害者福祉法に定める援護、育成または更生の措置に関する事務を行うこととされている（社会福祉法第18条）。

　社会福祉主事は、18歳以上、人格が高潔で、思慮が円熟し、社会福祉の増進に熱意がある、都道府県知事または市町村長の補助機関である職員であって、以下の要件のいずれかを満たした者から任用することとされている（社会福祉法第19条）。

①大学等において、社会福祉に関する所定の科目を修めて卒業した者
②都道府県知事の指定する養成機関または講習会の課程を修了した者
③社会福祉士
④厚生労働大臣の指定する社会福祉事業従事者試験に合格した者
⑤上記の者と同等以上の能力を有すると認められる者として厚生労働省令で定めるもの

　福祉事務所に配置される現業員、査察指導員、老人福祉指導主事、母子・父子自立支援員は、社会福祉主事任用資格が必要とされる。また、

家庭児童福祉主事、家庭相談員は、社会福祉主事任用資格に加え、児童福祉事業に従事した経験2年以上などが必要とされている。

（2）査察指導員

*22
本双書第7巻第2章第4節1❷参照。

　　査察指導員[*22]は、社会福祉法に定められた指導監督を行う所員の名称であり、同法において福祉事務所には、所長と現業員とともに配置することが規定されている。福祉事務所において、所長の指揮監督を受けて、生活保護の必要の有無や種類の判断、生活指導等いわゆるケースワークを行う現業員の事務の指導監督を行うものであり（社会福祉法第15条第1項・第3項）、社会福祉主事でなければならないとされている。

（3）児童福祉司

*23
本双書第5巻第1部第4章第2節3参照。

　　児童福祉司[*23]は、児童福祉法に定められた資格である。都道府県は児童相談所に配置しなければならないとされている。児童福祉司は、児童相談所において、「児童相談所長の命を受けて、児童の保護その他児童の福祉に関する事項について、相談に応じ、専門的技術に基づいて必要な指導を行う等児童の福祉増進に努める」（第13条第4項）こととされている。

　児童福祉司は、都道府県知事の補助機関である職員で、以下の要件のいずれかに該当する者から任用することとされている。

①児童福祉司もしくは児童福祉施設の職員を養成する学校・施設を卒業し、所定の講習会の課程を修了した者

②大学において、心理学、教育学もしくは社会学を専修する学科等を卒業した者であって、所定の施設で1年以上児童等の福祉に関する相談に応じ、助言・指導その他の援助を行う業務に従事した者

③医師

④社会福祉士

⑤精神保健福祉士

⑥公認心理師

⑦社会福祉主事として、2年以上相談援助業務に従事した者であって所定の研修を受けた者

⑧上記と同等以上の能力を有すると認められる者であって、内閣府令で定める者

（4）身体障害者福祉司・知的障害者福祉司

　身体障害者福祉司は身体障害者福祉法第12条に定められた資格であり、都道府県は身体障害者更生相談所に配置しなければならないとされている。都道府県において、身体障害者福祉司は、専門的な知識及び技術を必要とする身体障害者に関する相談・指導や、市町村との連絡調整・情報の提供等を行うこととされている。また、市町村に配置されている場合には、福祉事務所の所員に対し技術的指導を行うこと等を業務とするとされている。

　身体障害者福祉司は、都道府県知事または市町村長の補助機関である職員で、以下の要件のいずれかに該当する者から任用することとされている。

　①社会福祉主事の資格をもち、身体障害者の更生援護等の事業に2年以上従事した経験を有する者
　②大学において、所定の社会福祉に関する科目を修めて卒業した者
　③医師
　④社会福祉士
　⑤身体障害者の更生援護の事業に従事する職員を養成する学校等を卒業した者
　⑥上記に準ずる者であって、身体障害者福祉司として必要な学識経験を有する者

　なお、知的障害者福祉に関しても、同様の資格として、**知的障害者福祉司**が知的障害者福祉法第14条によって定められている。

2 ソーシャルワーク機能を担う福祉専門職

　第1節に示されたとおり、ソーシャルワーク機能に合わせて実践することが求められる福祉専門職がある。本節ではこれらを取り上げる。[24]

（1）介護福祉士

　介護福祉士[25]は、昭和62（1987）年に成立した「社会福祉士及び介護福祉士法」によるケアワーカーの名称独占の国家資格である。同法では、介護福祉士を、「専門的知識及び技術をもつて、身体上又は精神上の障害があることにより日常生活を営むのに支障がある者につき心身の状況に応じた介護を行い、並びにその者及びその介護者に対して介護に関する指導を行うことを業とする者」（第2条第2項）としている。

＊24
ソーシャルワーク機能については、本書第1章第2節**表1-2**参照。

＊25
令和5（2023）年7月末日現在、介護福祉士登録者数は全国で193万9,388人となっている。

＊26
公益財団法人社会福祉
振興・試験センター調
べ。介護福祉士に関す
る調査は回収率42.3％、
有効回答者数58万2,319
人。

令和2（2020）年に実施された「社会福祉士・介護福祉士・精神保健福祉士の『就労状況調査』」[26]によると、介護福祉士に関する調査では有効回答者の76.3％が福祉・介護・医療分野で就労し、そのうちの81.8％が高齢者分野で実践にあたっている。

近年の動向として、高齢者の増大、ユニットケアやグループホームでの実践、地域生活支援等の、高齢者福祉や障害者福祉における介護ニーズの変化などから、より高度な専門性が求められている。それに伴い、「尊厳を支えるケア」「自立支援の重視」「施設・地域（在宅）を通じた能力」「心理・社会的支援の重視」「医療関係者との連携」等が求められる介護福祉士像が想定され、平成19（2007）年には、カリキュラムの改定が行われた。この際の改定によって、これまでは国家試験を受験する必要がなかった養成施設ルートについても、国家試験の受験が必要とされた。また、平成24（2012）年からは、一定の条件のもとで、喀痰吸引等を実施できるものとされ、業務の範囲が広がっているといえる。

介護福祉士の資格取得ルートについては、**図3-3**のとおりである。

なお、前述の令和2（2020）年6月に「社会福祉士及び介護福祉士法」が改正され、養成施設卒業者の介護福祉士国家試験の義務化には経過措置が設けられているが、さらに、令和8（2026）年度まで延期された[27]。介護福祉士の資質の向上及び、キャリアアップの仕組みとして、認定介護福祉士の認定を開始した[28]。

＊27
平成29（2017）～令
和8（2026）年度の養
成施設卒業者の経過措
置については、**図3-
3**の注1を参照。

＊28
一般社団法人認定介護
福祉士認証・認定機構。

＊29
本章第2節＊13参照。

（2）保育士

保育士は、平成13（2001）年の児童福祉法の改正により、名称独占の国家資格となった[29]。児童福祉法第18条の4では、保育士は「保育士の名称を用いて、専門的知識及び技術をもつて、児童の保育及び児童の保護者に対する保育に関する指導を行うことを業とする者をいう」とされている。主に、保育所や児童福祉施設にて実践を行っている。児童の保育のみならず、児童の健全な成長を図るために、保護者に対して保育に関する指導を行うことも業務と位置付けられている。

保育士が国家資格化された背景として、保育士資格を詐称する者が出て社会的信用を損なわせたこと、地域の子育て支援の中核を担う専門職としての重要性が高まっていることなどがあげられており、今後、地域における役割が期待されている専門職であるといえる。

〈図3-3〉介護福祉士資格取得ルート図

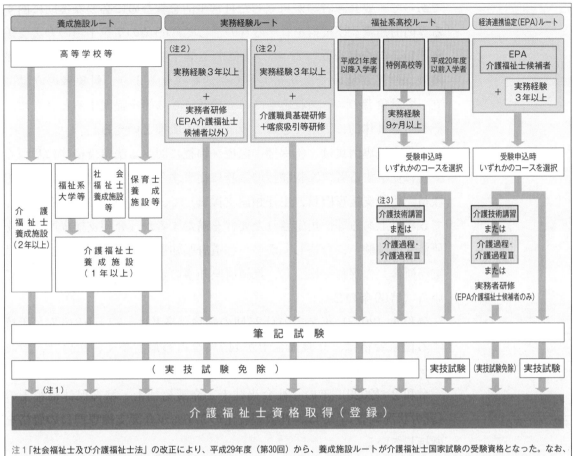

注1　「社会福祉士及び介護福祉士法」の改正により、平成29年度（第30回）から、養成施設ルートが介護福祉士国家試験の受験資格となった。なお、養成施設を令和8年度末までに卒業する者は、卒業後5年の間は、国家試験を受験しなくても、または、合格しなくても、介護福祉士になることができる。この間に国家試験に合格するか、卒業後5年間続けて介護等の業務に従事することで、5年経過後も介護福祉士の登録を継続することができる。令和9年度以降に養成施設を卒業する者からは、国家試験に合格しなければ介護福祉士になることはできない。
注2　実務経験ルートで受験を希望する者は「実務経験3年以上」だけでは受験できない。
注3　平成20年度以前に福祉系高等学校（専攻科を含む）に入学し、卒業した者、特例高等学校（専攻科を含む）を卒業し、9か月以上介護等の業務に従事した者が、「実技試験の免除」を申請する場合は、「介護技術講習」「介護過程」「介護過程Ⅲ」のいずれかを修了または履修する必要がある。

（出典）社会福祉振興・試験センターホームページより一部改変

（3）介護支援専門員

　介護支援専門員は、平成9（1997）年に成立した介護保険法に位置付けられたケアマネジメントに関する資格である。介護保険法では、「要介護者又は要支援者からの相談に応じ、及び要介護者等がその心身の状況等に応じ適切な居宅サービス、地域密着型サービス、施設サービス、介護予防サービス若しくは地域密着型介護予防サービス又は特定介護予防・日常生活支援総合事業を利用できるよう市町村、居宅サービス事業を行う者、地域密着型サービス事業を行う者、介護保険施設、介護予防サービス事業を行う者、地域密着型介護予防サービス事業を行う者、特

定介護予防・日常生活支援総合事業を行う者等との連絡調整等を行う者であって、要介護者等が自立した日常生活を営むのに必要な援助に関する専門的知識及び技術を有するものとして第69条の7第1項の介護支援専門員証の交付を受けたもの」（第7条第5項）とされている。介護保険被保険者が地域でより充実した生活を送れるよう、対象者の立場に立って対象者のニーズに応じて、介護サービス等を提案するとともに、それらを具体的に活用できるよう支援する職種といえる。

　介護支援専門員は、①保健・医療・福祉に関する法定資格等に基づく業務に従事する者、②相談援助業務に従事する者（生活相談員、支援相談員、相談支援専門員、主任相談支援員）で、①及び②の期間が通算して5年以上ある等、規定された要件を満たす者が「介護支援専門員実務研修受講試験」に合格し、かつ、都道府県知事による「介護支援専門員実務研修」の課程を修了し、都道府県知事の登録を受けることとされている（第69条の2）。

　令和4（2022）年までの計25回の試験合格者は、73万9,215人、所持する国家資格は、介護福祉士が44.7％を占め最も多く、次いで、看護師・准看護師が23.7％、社会福祉士は6.4％である。

　令和2（2020）年の「社会福祉士・介護福祉士・精神保健福祉士の『就労状況調査』」[*30]では、社会福祉士の37.6％が介護支援専門員の資格を所持している。

* 30
本節 * 26 に同じ。

3 相談支援を担う非専門職

　社会福祉の相談支援の担い手には、専門職や公的な職員以外にも、ボランティアをはじめとした自発的な意思に基づき活動をする人々や、地域住民から選ばれ無給で従事する人々もいる。民生委員・児童委員、保護司は後者であり、地域住民の中から法に基づいて委嘱され無給で職務を担っている。ここでは、社会福祉に直接かかわりをもつ民生委員・児童委員を取り上げる。

（1）民生委員

　民生委員は、民生委員法を根拠に、「社会奉仕の精神をもって、常に住民の立場に立って相談に応じ、及び必要な援助を行い、もって社会福祉の増進に努める」（第1条）人々である。厚生労働大臣によって委嘱される者であり、無給である。令和3（2021）年3月末日の民生委員

（児童委員を兼ねる）数は23万1,111人となっている。[*31]

民生委員の職務は、次のとおりである（民生委員法第14条）。

①住民の生活状態を必要に応じ適切に把握しておくこと。

②援助を必要とする者がその有する能力に応じ自立した日常生活を営むことができるように、生活に関する相談援助を行うこと。

③援助を必要とする者が福祉サービスを適切に利用するために必要な情報の提供その他の援助を行うこと。

④社会福祉を目的とする事業の経営者、活動を行う者と密接に連携し、事業・活動を支援すること。

⑤福祉事務所等関係行政機関の業務に協力すること。

民生委員は、職務の遂行にあたっては、個人の人格を尊重し、身上に関する秘密を守り、人種、信条、性別、社会的身分、門地によって差別的・優先的取り扱いをすることなく、実情に即して合理的に行うこととされている（民生委員法第15条）。

（2）児童委員

民生委員は、同時に児童福祉法に基づく児童委員の委嘱も受ける。児童委員としての職務は、以下のとおりである（児童福祉法第17条）。

①児童及び妊産婦に対し、生活及び取り巻く環境の状況を適切に把握すること。

②児童及び妊産婦に対し、保護・保健等の福祉に関し、必要な情報の提供等を行うこと。

③児童及び妊産婦の社会福祉を目的とする事業の経営者、児童の健やかな育成に関する活動を行う者と密接に連携し、事業・活動を支援すること。

④児童福祉司または福祉事務所の社会福祉主事の行う職務に協力すること。

⑤児童の健やかな育成に関する気運の醸成に努めること。

⑥必要に応じて、児童及び妊産婦の福祉の増進を図るための活動を行うこと。

4 多様なソーシャルワーク機能・相談支援の担い手と連携

本節では、多岐にわたるソーシャルワーク機能の役割及び相談支援の

*31
厚生労働省「令和3年度福祉行政報告例の概況」。

担い手を見てきた。これらを見ると、それぞれの担い手には、特有の分野における知識があることが理解できる。ソーシャルワーク実践では、地域において、支援対象者のもつ課題に対して、どの機関のどの職種が相談支援者として適格であるかを理解し、的確な機関に送致することは重要である。さらに、いわゆる8050問題をはじめとした多重に問題を抱える家族を地域において支援する場合等には、その家族の支援をめぐり、多領域の専門職が連携し、また協働する。立場の違う専門職に関する理解を深めることで、支援チームにおいて各メンバーが有効に機能するよう関与することが可能となる。また、本章第2節にて詳述したが、新しい社会福祉士像の背景には、専門職のみならず、NPO等の非営利団体、近隣等の地域住民、さらには営利団体等を含めた、地域のあらゆる個人や団体が主体として支援を担うことが期待されている。本節では、法に基づいた職種を中心に取り上げたが、課題をもった人々が地域で安心して生活できるよう、地域におけるソーシャルワーク機能をもつ一定の役割を果たす担い手としての団体等について認識していくことが必要であるといえる。

参考文献
● 公益財団法人社会福祉振興・試験センター「令和2年度社会福祉士・介護福祉士・精神保健福祉士の『就労状況調査』結果」2021年
● 公益財団法人社会福祉振興・試験センターホームページ

第4節　ソーシャルワーク実践の場と職種

　ソーシャルワーク実践の場は多様化している。特に、近年、地域を基盤としたソーシャルワークの重要性が認識されるのに伴い、地域生活を支援する相談支援窓口が多くできている。本節では、地域にあるソーシャルワーカーの働く場と職種について概観し、あわせて、ソーシャルワーク実践において中心的な役割を果たしている社会福祉士の配置の動向について確認する。

　本節では、①地域における相談機関、②社会福祉協議会、③都道府県レベルの相談機関、④福祉施設、⑤福祉分野以外の機関を、最後に、近年増加している⑥独立型社会福祉士事務所を取り上げる。その上で、それぞれのソーシャルワーク実践現場での社会福祉士の配置状況を概観する。

1　地域における相談機関

（1）福祉事務所（福祉に関する事務所）

　福祉事務所は、社会福祉法第14条によって規定された「福祉に関する事務所」である。生活保護法、老人福祉法、児童福祉法、身体障害者福祉法、知的障害者福祉法、母子及び父子並びに寡婦福祉法の社会福祉6法に定める援護、育成、更生の措置に関する事務を行うとされている。都道府県と市には設置の義務があり、町村は設置することができる。令和5（2023）年4月現在、全国に、都道府県205か所、市町村1,046か所、合計1,251か所が設置されている。

　福祉事務所には、所長及び指導監督を行う所員（査察指導員）、現業を行う所員、事務を行う所員を置かなくてはならないとされている。このうち、現業を行う者は、所長の指揮監督を受けて、援護、育成または更生の措置を要する者等を家庭訪問等によって面接し、環境等の調査、措置の必要の有無と種類を判断して、本人に対し生活指導を行うとされており、いわゆるケースワークを行うものである。この、現業を行う所員は、指導監督を行う所員とともに、社会福祉主事でなければならないこととされている。現業を行う所員の配置人数は生活保護被保護世帯数

*32
本双書第7巻第2章第3節2参照。

*33
厚生労働省ホームページ参照。

を基準に決定される。

　福祉事務所は、地域における福祉領域の事務の中核を成す機関であるといえる。

（2）地域包括支援センター

＊34
本双書第3巻第3章第2節6参照。

　地域包括支援センターは、平成17（2005）年の介護保険法改正によって平成18（2006）年4月より設置されることになった、地域で生活する高齢者の包括的・継続的な支援を行う機関である。市町村は、被保険者が要介護状態等となることを予防するとともに、要介護状態等の軽減や悪化の防止、地域における自立した日常生活の支援のための施策を総合的かつ一体的に行うこと（介護保険法第115条の45）とされており、地域包括支援センターはその一環として設置された機関である。

　地域包括支援センターの目的は「地域住民の心身の健康の保持及び生活の安定のために必要な援助を行うことにより、その保健医療の向上及び福祉の増進を包括的に支援すること」（第115条の46）である。市町村、または市町村から委託を受けた法人が設置することができる、とされている。

　地域包括支援センターが担っている役割は以下のとおりである。

①第一号介護予防支援事業

　介護予防を目的として、心身の状況、置かれている環境等の状況に応じて、所定の介護予防支援事業（訪問事業、通所事業、生活支援事業等）が包括的かつ効率的に提供されるための援助（介護予防ケアマネジメント）

②地域支援事業のうち介護保険法第115条の45第2項の事業

　⑦被保険者の心身の状況、居宅における生活の実態等の把握、保健医療、公衆衛生、社会福祉等の関連施策に関する総合的な情報の提供、関係機関との連絡調整等、被保険者の保健医療の向上と福祉の増進を図るための総合的な支援（総合相談・支援事業）

　④被保険者に対する虐待の防止と早期発見、被保険者の権利擁護のための必要な援助（権利擁護事業）

　⑦保健医療及び福祉に関する専門的知識をもつ者による被保険者の居宅サービス計画及び施設サービス計画の検証、心身の状況、介護給付等対象サービスの利用状況等に関する定期的な協議等を通じ、被保険者の地域における自立した日常生活の営みに向けた包括的かつ継続的な支援（包括的・継続的ケアマネジメント支援事

業）

㋓医療に関する専門的知識を有する者が、介護サービス事業者、居
宅における医療を提供する医療機関等との連携の推進（在宅医
療・介護連携推進）

㋔被保険者の地域における自立した日常生活の支援、要介護状態等
となることの予防、要介護状態等の軽減や悪化防止の体制整備等
の促進（生活支援体制整備）

㋕保健医療及び福祉に関する専門的知識をもつ者による認知症の早
期における症状悪化の防止のための支援等、認知症やその疑いの
ある被保険者に対する総合的な支援（認知症総合支援）

　また、地域包括支援センターは、介護支援専門員、保健・医療・福祉
専門職、民生委員その他の関係者、関係機関、関係団体等により構成さ
れる地域ケア会議等の会議を置くことが求められている（第115条の48）。

　地域包括支援センターは、住み慣れた地域で自分らしい暮らしを人生
の最後まで続けることができるよう、住まい・医療・介護・予防・生活
支援が一体的に提供される地域包括ケアシステムを推進する中核的な機
関として期待されるものである。[35]

＊35
厚生労働省「地域包括
支援センターの設置運
営について」（平成28
〔2016〕年）。

　これらの事業を実施するために、地域包括支援センターには、社会福
祉士、保健師、主任介護支援専門員が配置されている。配置人数は、介
護保険第1号被保険者の数を基準に決定される。

　地域包括支援センターは、唯一、法的に人員配置基準に社会福祉士が
定められた機関である。ここで、社会福祉士は具体的には、成年後見制
度の活用促進、高齢者虐待対応をはじめとする権利擁護活動や高齢者の
孤立防止等の支援、介護保険関連サービスのみでは地域生活にかかわる
ニーズ充足が困難な高齢者に対する包括的な支援を行うとともに、スク
リーニングシステムの開発や、ニーズをもった人々に対するアウトリー
チ体制の構築、支援のための地域を対象とした専門家間・非専門家との
ネットワーク形成などを行っている。

（3）市町村子ども家庭支援窓口

　従来、子ども家庭相談は児童相談所が対応してきたが、育児不安等を
背景に身近な子育て相談ニーズが増大し、このような幅広い相談は身近
な市町村をはじめとする多様な機関によるきめ細かな対応が求められる
ことなどを背景に、平成16（2004）年の児童福祉法改正により、市町村
が第一義的な相談窓口となることとされた。さらに平成28（2016）年の

＊36
厚生労働省「市町村子
ども家庭支援指針」（令和
2〔2020〕年3月31日）。

改正により、「児童及び妊産婦の福祉に関し、家庭その他からの相談に応ずること並びに必要な調査及び指導を行うこと並びにこれらに付随する業務を行うこと」（児童福祉法第10条）とされた。それに伴い、市町村に設置されている地域の子ども家庭支援窓口は重要性を増してきているといえる。

　市町村は、母子保健サービスや一般の子育て支援サービスを行うほか、虐待の未然防止や早期発見に積極的に取り組むこととされている。また、虐待事例に関しては、比較的軽微なケースについて対応するとともに、行政権限の発動を伴うような対応が必要と判断される困難なケースについて児童相談所に直ちに連絡することとし、また、施設を退所した子どもの生活支援のために、相談や定期的な訪問等を行い、子どもを支え見守るとともに、家族が抱えている問題の軽減化を図ることとされている。

　また、支援においては、地域に多く存在する関係機関がネットワークを形成し、その地域に住む保護を必要とする児童等への支援を効果的に行うことが重要である。こうした地域で生活する子どもを支援する関係機関間のネットワーク形成を図るものとして、要保護児童対策地域協議会（子どもを守る地域ネットワーク）がある。平成16（2004）年児童福祉法改正で位置付けられ、平成19（2007）年児童福祉法改正で設置が市町村の努力義務とされ、さらに平成20（2008）年児童福祉法改正では、同協議会の調整機関には児童福祉司等の専門職の配置が努力義務とされた。そして、平成29（2017）年度からは担当職員は研修を受けることとされた。子ども家庭相談における市町村の役割はますます高まっているといえる。[37]

＊37
本双書第5巻第1部第4章第1節5参照。

＊38
本双書第4巻第2部第2章第2節5参照。

（4）障害者相談支援事業

　障害者相談支援事業[38]は、「障害者の日常生活及び社会生活を総合的に支援するための法律」（障害者総合支援法）に基づいて、市町村が実施するものである。地域の障害者等の福祉に関する相談に応じ、支援を行う「基本相談支援」、地域移行及び地域定着支援を行う「地域相談支援」、そして、サービス計画を策定しサービス利用を継続的に実施できるよう支援する「計画相談支援」がある（同法第5条第18〜23項）。後者に関連し、障害者のニーズに応じて、支援を効果的に実施するための仕組みとしてケアマネジメントを制度化し、ケアマネジメントを実施する事業者として指定特定相談支援事業者を、また、相談者として相談支援専門員を位置付けている。[39]

＊39
厚生労働省社会・援護局障害保健福祉部「障害者自立支援法における相談支援事業の概要について」（平成18〔2006〕年10月）。

（5）自立相談支援事業（生活困窮者自立支援事業）

　自立相談支援事業は、経済的に困窮し最低限度の生活を維持することができなくなる恐れのある生活困窮者に対し早期に支援を行い、自立を促進することを意図して平成25（2013）年に公布された「生活困窮者自立支援法」に基づく事業である。生活困窮者から、就労支援その他の自立に関する問題について相談を受け、情報提供や助言を行ったり、認定生活困窮者就労訓練事業の利用をあっせんする等、自立支援計画を策定し、支援が一体的・計画的に行われるよう、援助するものとされている（同法第3条第2項）。市及び福祉事務所が設置されている町村が直営または委託によって実施するものとされている。

　主任相談支援員、相談支援員、就労支援員が配置される。

＊40
本双書第7巻第4章参照。

（6）居宅介護支援事業所

　居宅介護支援事業所は、介護保険法に基づいた機関で、介護支援専門員が所属することが義務付けられている。要介護者のケアプランを作成する等の業務を実施している。事業所に所属する介護支援専門員の数は、支援対象者数を基準に設定される（同法第8条第24項、第81条）。

＊41
本双書第3巻第3章第2節3参照。

2 社会福祉協議会

　社会福祉協議会（以下、社協）は、社会福祉法第109条で位置付けられている民間の非営利組織である。

　全国レベル、都道府県レベル、市区町村にあり、地域福祉の推進を図ることを目的として設置されている。市町村社協は以下の事業を行うとされる。

①社会福祉を目的とする事業の企画及び実施
②社会福祉に関する活動への住民の参加のための援助
③社会福祉を目的とする事業に関する調査、普及、宣伝、連絡、調整及び助成
④社会福祉を目的とする事業の健全な発達を図るために必要な事業

　市町村社協の構成員は、その区域内における社会福祉を目的とする事業を経営する者、社会福祉に関する活動を行う者である。指定都市では、その区域内の地区社協（区社協）の過半数と、社会福祉事業、更生保護事業を経営する者の過半数が、それ以外では、その区域内における社会福祉事業または更生保護事業を経営する者の過半数が参加するものとさ

＊42
本双書第8巻第1部第2章第1節3参照。

れる。

　社協は、住民が主体となった地域の課題やニーズの解消を、側面から支援する機関ということができる。そのための具体的な活動として、ふれあい・いきいきサロンや見守りネットワーク活動、ボランティア支援等、住民による地域福祉活動の支援等を行っている。

　平成20（2008）年3月31日に、厚生労働省より出された報告書において^{*43}は、社協について新しい地域福祉推進に役立つ組織として、住民主体となる方向で、機能、組織を見直すことが提案されている。具体的には、①地区の住民による地域福祉活動を支援する団体として、助言、情報提供、援助を行うものと位置付けるとともに、住民の地域福祉活動を支援することができる職員の養成、社会福祉士資格をもつ職員の配置を支援する、②役員及び評議員として、地域代表を位置付けることを明確にするとともに、行政との新たな連携、協働のあり方を探ることが提案されている。住民主体の地域課題解決体制の構築を考える上で、地域福祉を推進する機関として、今後、さらに機能を高めることが求められている機関であるといえる。

＊43
厚生労働省・これからの地域福祉のあり方に関する研究会「地域における『新たな支え合い』を求めて－住民と行政の協働による新しい福祉－」（平成20〔2008〕年、3月31日）。

3 都道府県レベルの相談機関

（1）児童相談所

　児童相談所は、児童福祉法第12条によって規定された児童の福祉に関する相談機関であり、都道府県（指定都市を含む）への設置が義務付けられている。令和5（2023）年4月現在、全国に232か所が設置されている。^{*44}^{*45}

　児童相談所は、子どもに関する家庭その他からの相談に応じ、子どもが有する問題または子どもの真のニーズ、子どもの置かれた環境の状況等を的確にとらえ、個々の子どもや家庭に適切な援助を行い、もって子どもの福祉を図るとともに、その権利を擁護することを主たる目的とした機関である。^{*46}

＊44
本双書第5巻第1部第4章第2節参照。

＊45
こども家庭庁「児童相談所一覧」。

＊46
厚生労働省「児童相談所運営指針」（令和5〔2023〕年3月29日）。

❶児童相談所の業務

　児童相談所は、児童福祉に関して、以下の業務を行うとされている（児童福祉法第11条、第12条）。

　①市町村相互間の連絡調整、市町村に対する情報の提供、市町村職員の研修その他、市町村の業務の実施に必要な援助

②各市町村の区域を超えた広域的な見地から、実情の把握に努めること

③児童に関する家庭その他からの相談のうち、専門的な知識及び技術を必要とするものに応ずること

④児童及びその家庭につき、必要な調査ならびに医学的、心理学的、教育学的、社会学的及び精神保健上の判定を行うこと

⑤児童及びその家庭について上記の調査または判定に基づいて必要な指導を行うこと

⑥児童の一時保護を行うこと

⑦一時保護解除後の環境の調整等により、子どもの安全を確保すること

また、里親・養子縁組にかかわる業務を行うこととされている。

主な相談内容は、㋐養護相談（児童虐待相談、その他の相談）、㋑保健相談、㋒障害相談、㋓非行相談（ぐ犯行為等相談、触法行為等相談）、㋔育成相談（性格行動相談、不登校相談、適性相談、育児・しつけ相談）、㋕その他の相談である。

❷児童相談所の構成員について

所長は、以下のいずれかに該当するもので所定の研修を受けた者とされる（第12条の3）。

①医師であって、精神保健に関して学識経験を有する者

②大学において、心理学を専修する学科等を卒業した者

③社会福祉士

④精神保健福祉士

⑤公認心理師

⑥児童福祉司として2年以上勤務した者

また、所員として、次の職員を置くことが標準と定められている。[47]

①指導教育担当児童福祉司

②児童福祉司：相談及び調査をつかさどる所員

③相談員

④医師（精神科、小児科）

⑤保健師

⑥指導及び教育を行う児童心理司

⑦児童心理司

⑧心理療法担当職員

*47
本節 * 46に同じ。

⑨弁護士　　　ほか

さらに、規模によって、小児科医師、保健師、理学療法士等、臨床検査技師等の配置が定められている。

配置される職員数については、教育・訓練・指導担当児童福祉司は、児童福祉司おおむね5人につき1人、児童福祉司は、人口を基準として配置数を定めるものとされているが、「新たな児童虐待防止対策体制総合強化プラン」に基づき、児童相談所の体制強化として児童福祉司等の増員等が図られている。

（2）配偶者暴力相談支援センター

配偶者暴力相談支援センターは、平成13（2001）年に公布された「配偶者からの暴力の防止及び被害者の保護等に関する法律」（DV防止法）に基づく相談機関である（同法第3条）。都道府県において、婦人相談所等が同センターの機能をもつこととされている。また、あわせて市町村においても適切な施設がセンターの機能をもつこととされている。

センターでは、被害者の相談に応じ、心身の健康回復のために必要な医学的・心理学的指導を行い、緊急時における安全の確保及び一時保護を行う。また、自立生活支援のほか、保護命令制度の利用、保護施設の利用のための情報提供、助言、関係機関との連絡調整等の支援を行うこととされている（第3条第3項）。

（3）身体障害者更生相談所・知的障害者更生相談所

身体障害者更生相談所は、身体障害者福祉法第11条に基づき、都道府県に設置されている相談機関で、身体障害者に関する相談及び指導のうち、専門的な知識及び技術を必要とするものに応じることとされ、その業務にあたる職員として、身体障害者福祉司を置かなければならないとされている。それに加えて、身体障害者更生相談所は、身体障害者の医学的、心理学的、職能的判定や、市町村の求めに応じて、障害者総合支援法に基づく補装具の処方、適合判定への意見陳述等を行うこととされている。

一方、知的障害者更生相談所は、知的障害者福祉法第12条に基づき、都道府県に設置されている相談機関で、知的障害者に関する相談及び指導のうち、専門的な知識及び技術を必要とするものに応じることとされており、業務にあたる職員として、知的障害者福祉司を置かなければならないとされている（第13条）。それに加えて、知的障害者更生相談所

は、18歳以上の知的障害者の医学的、心理学的、職能的判定や、市町村の求めに応じて、障害者総合支援法に基づくサービス給付の適合判定への意見陳述等を行うこととされている。

　令和5（2023）年4月現在、全国に、身体障害者更生相談所は78か所、知的障害者更生相談所は88か所である。[50]

＊50
『令和5年版厚生労働白書 資料編』2023年、194頁。

4 福祉施設

　福祉施設においては、多くの場合、施設基準では相談支援にかかわる職種として「相談員」「指導員」「支援員」が位置付けられている。どの分野の福祉施設であっても共通する課題として、①施設利用者の尊厳を尊重した生活の実現、権利擁護、②施設利用者の地域生活への移行援助、就労支援等、施設利用者の利用の目的の実現、そして、③施設が地域における福祉の拠点となるための取り組みなどがあげられるが、それらのニーズに応じた職種であるといえる。

　各種施設に配置されているソーシャルワークに関する主な職種は、**表**

〈表3-4〉**各種施設における相談支援にかかわる主な職種**

法律	職種	施設
児童福祉法[※1]	児童指導員	児童養護施設、福祉型障害児入所施設、医療型障害児入所施設、児童心理治療施設、児童発達支援センター
	家庭支援専門相談員	乳児院、児童養護施設、児童心理治療施設、児童自立支援施設
	母子支援員	母子生活支援施設
	少年指導員	母子生活支援施設
	児童自立支援専門員	児童自立支援施設
	児童生活支援員	児童自立支援施設
老人福祉法[※2] 介護保険法	生活相談員	特別養護老人ホーム、養護老人ホーム、軽費老人ホーム
	支援相談員	介護老人保健施設
障害者総合支援法[※3]	生活支援員	障害者支援施設
生活保護法[※4]	生活指導員	救護施設、更生施設
困難女性支援法[※5]	入所者の自立支援を行う職員	女性自立支援施設

※1　児童福祉施設の設備及び運営に関する基準（昭和23年12月29日厚生省令第63号）
※2　特別養護老人ホームの設備及び運営に関する基準（平成11年3月31日厚生省令第46号）／養護老人ホームの設備及び運営に関する基準（昭和41年7月1日厚生省令第19号）／介護老人保健施設の人員、施設及び設備並びに運営に関する基準（平成11年3月31日厚生省令第40号）
※3　障害者の日常生活及び社会生活を総合的に支援するための法律に基づく障害者支援施設の設備及び運営に関する基準（平成18年9月29日厚生労働省令第177号）
※4　救護施設、更生施設、授産施設及び宿所提供施設の設備及び運営に関する基準（昭和41年7月1日厚生省令第18号）
※5　女性自立支援施設の設備及び運営に関する基準（令和5年3月29日厚生労働省令第36号）
（筆者作成）

3－4のとおりである。

5 福祉分野以外の機関

社会福祉士は、福祉分野以外に活動の場を広げている。ここでは特に保健医療（病院・診療所）、教育（学校）、司法（刑務所等出所後の社会復帰支援）について概説する。

（1）病院・診療所

病気や障害が生活に与える影響が大きいことから、保健医療分野においては、従来、**医療ソーシャルワーカー（MSW）**が患者に対する支援を行っている。例えば、経済的に困窮している人々が医療を受けられる支援、育児や介護等を担っている人々が安心して療養生活を送れる支援、医療機関の機能分化に伴い、適切な医療を患者が納得して受けられる支援である。また、地域においてより質の高い生活を送ることができるよう地域関係機関間のネットワークを形成したり、地域に社会資源を創出する等の支援を行ってきた。厚生労働省による「医療ソーシャルワーカー業務指針」では、MSWは、「保健医療の場において、社会福祉の立場から患者のかかえる経済的、心理的・社会的問題の解決、調整を援助し、社会復帰の促進を図る」としており、MSWの業務として、「①療養中の心理的・社会的問題の解決、調整援助、②退院援助、③社会復帰援助、④受診・受療援助、⑤経済的問題の解決、調整援助、⑥地域活動」をあげている。

医療機関の機能分化や地域生活の促進に伴い、平成20（2008）年には、医療保険の診療報酬において、退院調整加算（現 入退院支援加算）等で社会福祉士が評価されることになった。社会福祉士による支援はますます重要性を増しているといえる。

令和2（2020）年10月1日現在、医療機関（病院・診療所）には、常勤換算数で精神保健福祉士9,374.2人、社会福祉士1万4,643.4人、医療社会事業従事者3,478.1人、合計2万7,495.7人が従事している。

（2）学校

学校では、不登校、いじめなどのいわゆる問題行動が顕在化しているが、これらの背景には、家庭や地域等、子どもを取り巻く環境上の問題があると考えられる。また、学校は児童虐待や貧困家庭等、家庭に課題

* 51
本双書第14巻第2部第7章第2節参照。

* 52
厚生労働省「医療ソーシャルワーカー業務指針」（平成14〔2002〕年）。

* 53
厚生労働省「令和2年（2020）医療施設（静態・動態）調査・病院報告の概況」。

をもつ子どもたちが通っている。このようななか、学校においては**スクール（学校）ソーシャルワーカー**（以下、SSW）が「子どもの問題に生活の視点で関わる、学校という場を実践基盤とする専門職[55]」として学校内にチーム体制を構築し、また関係機関と連携をとり、対応している。

　文部科学省が平成20（2008）年より実施しているSSW活用事業では、平成27（2015）年より、SSWの人材について、「社会福祉士や精神保健福祉士等の福祉に関する専門的な資格を有する者のうちから行うこと」とされた。その職務としては、「①問題を抱える児童生徒が置かれた環境への働き掛け、②関係機関等とのネットワークの構築、連携・調整、③学校内におけるチーム体制の構築、支援、④保護者、教職員等に対する支援・相談・情報提供、⑤教職員等への研修活動[56]」があげられている。

　さらに、子どもの貧困対策の推進に関する法律に基づき定められた「子供の貧困対策に関する大綱[57]」においては、学校を子どもの貧困対策のプラットフォームと位置付け、学校を窓口として福祉関連機関と連携すること等を目的にSSW配置を推進することとされ、平成29（2017）年には、「学校教育法施行規則」が改正され、第65条の3として「スクールソーシャルワーカーは、小学校における児童の福祉に関する支援に従事する」と明記された。

（3）司法分野

　司法分野において、生活基盤を確立することができず、適切な社会復帰が阻害された場合、再犯を起こす傾向がみられるとの認識より、社会復帰支援を目的とした福祉専門職の導入を行っている。高齢・障害等の事情がある場合、刑務所や少年院等の矯正施設を退所し地域に戻る際にさまざまな生活課題が生じるが、平成21（2009）年より地域生活定着支援センターが都道府県に設置され、職員のうち1名は社会福祉士もしくは精神保健福祉士であることとされた。[58]

　また、保護観察所には、心神喪失等の状態で重大な他害行為を行った者の社会復帰を促進するため、精神保健福祉士等が社会復帰調整官として配属されている。[59] さらに、刑務所への福祉専門官の配置や、刑を終えたが帰住地がない者のための更生保護施設には社会福祉士の配属が進んでいる。

*54
本双書第5巻第2部第3章参照。

*55
日本社会福祉士養成校協会「スクール（学校）ソーシャルワーカー育成・研修等事業に関する調査研究報告書」2008年。

*56
文部科学省「平成27年度スクールソーシャルワーカー活用事業実施要領」2015年。

*57
「子供の貧困対策に関する大綱〜全ての子供たちが夢と希望を持って成長していける社会の実現を目指して」（平成26〔2014〕年8月29日閣議決定）。

*58
「地域生活定着支援センターの事業及び運営に関する指針」（社援総発第0527001号　平成21年5月27日付け）。

*59
「心神喪失等の状態で重大な他害行為を行った者の医療及び観察等に関する法律」（医療観察法）第20条。

第3章

6 独立型社会福祉士事務所

　ここまで、何らかの機関に所属して行う相談支援について、その機関を単位に概観してきた。その一方、近年、機関に所属するのではなく、社会福祉士が独自に事務所を開設して地域を基盤として支援を行う、独立型社会福祉士事務所が増加しつつある。

　独立型社会福祉士事務所の強みは、機関に所属していないため機関の機能や方針に左右されることなく、地域のニーズに応じたソーシャルワーク実践が行える点である。一方、質の担保や事故があった際の対応等、機関に所属していれば、組織として整備されている管理的な側面を社会福祉士自身が対処しなくてはならない。社会福祉士の専門職団体である日本福祉士会では、一定の基準を満たした独立型社会福祉士事務所について、名簿を作成し公開している。名簿登録者は447名である（令和5〔2023〕年9月現在）。

7 ソーシャルワーク実践の現場での社会福祉士の配置

　社会福祉士は、「日常生活を営むことに支障がある者」を対象にソーシャルワークを行っている専門職である。その具体的な内容を見ると、前節で述べたように、時代の要請を受け実践の分野が拡大してきている。

　令和2（2020）年度の「社会福祉士・介護福祉士・精神保健福祉士就労状況調査[*60]」によると、福祉・介護・医療分野に就労している社会福祉士の就労分野は、高齢者福祉関係が39.3%、障害者福祉関係が17.6%、医療関係が15.1%、地域福祉関係が8.4%、児童・母子福祉関係が8.2%、行政相談機関が6.7%、生活保護関係が0.7%であった。

　また、同調査からは、勤務領域別に老人福祉関係施設をはじめとした福祉施設に所属する社会福祉士、事業所や相談所、支援センターなどの地域に基盤を置く社会福祉士、また、医療機関や教育機関、労働、司法等福祉分野以外の機関に所属する社会福祉士の割合も読み取れる（**表3-5**）。就労分野では、高齢者福祉関係が約4割を占め最も多いことがわかる。また、勤務領域別に見ると、施設に所属する社会福祉士と、地域に基盤を置く社会福祉士、そして福祉分野以外の機関に所属する社会福祉士の割合は、28.7%、52.2%、19.1%であり、地域を基盤とした実践を行っている社会福祉士の割合が大きいこと、福祉以外の分野で実践

*60
公益財団法人社会福祉振興・試験センター調べ。社会福祉士に関する調査は回収率53.3%、有効回答者数100,281人。

〈表3－5〉社会福祉士の勤務先（関係分野・勤務領域別）　　　　（人）

関係分野※ ＼ 勤務領域	福祉施設	地域に基盤を置く機関	福祉分野以外の機関	合計
高齢者福祉関係	10,564	16,800	－	27,364
障害者福祉関係	6,203	5,298	－	11,501
児童・母子福祉関係	2,876	2,519	－	5,395
生活保護関係	314	－	－	314
地域福祉関係	－	6,337	－	6,337
生活困窮者自立支援関係	－	40	－	40
医療関係	－	－	11,727	11,727
学校教育関係	－	－	770	770
就業支援関係	－	－	503	503
司法関係	－	－	278	278
行政関係	－	5,202	－	5,202
合計	19,957 (28.7%)	36,196 (52.2%)	13,278 (19.1%)	69,431 (100%)

（出典）公益社団法人社会福祉振興・試験センター「令和2年度社会福祉士・介護福祉士・精神保健福祉士就労状況調査」9～10頁をもとに筆者作成

を行っている社会福祉士が約2割を占めることが理解される。

　また、福祉・介護分野で就労している社会福祉士のうち、相談員・指導員・支援専門員等として勤務している者の割合が32.2%、介護支援専門員が11.4%、施設長・管理者が12.3%である（介護職員・事務職員・支援員・その他・無回答を除く）。社会福祉士が、福祉施設や機関におけるソーシャルワークに関する課題の達成に向け、相談員・指導員・支援専門員や介護支援専門員としてのみならず、管理者として、従事していることが理解できる。

＊61
「主任・相談部門の長」7.7%、「地域包括支援センターの社会福祉士」5.0%、「障害者相談支援専門員」2.8%、「児童自立支援専門員」0.2%、「相談員」13.3%、「指導員」3.2%の合計。

8 諸外国の動向

（1）国際ソーシャルワークへの関心の高まりとグローバリゼーション

　グローバリゼーションの進展に伴い、世界のソーシャルワーカーの国際ソーシャルワークへの関心が高まっている。グローバルな課題が国内や国境を舞台としてソーシャルワークの支援が必要な状況が生じている。

　一方、ソーシャルワーカーの養成は国の制度や法制度に規定されており、専門職養成カリキュラムもその枠内で行われている。途上国には、こうした枠組みができ上がっていない場所もある。先進諸国のソーシャルワークの役割は、早期介入により事態の深刻化やリスクを最小限に食い止め福祉を促進させることにある。このような世界の状況にあって、現在のソーシャルワーク教育と人材養成課程は、グローバリゼーションの実態、国際ソーシャルワークの現状と課題に十分対応できていない。[1]

　以下、欧米先進諸国、その他の地域に分け、ソーシャルワークの状況を概観する。

（2）アメリカ合衆国のソーシャルワーク

　アメリカでは、1970年代以降、ジェネラリスト、エコシステム、エコロジカルな視点、ストレングス視点、フェミニスト実践、エンパワメント、タスクセンタード、サイコエデュケーショナル、問題解決中心主義、多文化、ナラティヴ、家族の保全、そして経験主義的実践運動などが生まれ、実践モデルや方法に多くの影響を及ぼした。[2]とりわけライフモデルやエコロジカルな視点は、人と環境との相互作用やソーシャルワークが人と環境との接点で機能することを再認識させた。ライフモデルはミクロとマクロシステムの両方を包含し、介入理論においては深く広い知識を含んでいるが、ミクロの実践を強調しがちであった。

　個別支援とコミュニティや広い領域の実践を強調するソーシャルワーク実践の二極性は、クリニカル対エコシステム、またはクリニカル対伝統、または「真の」ソーシャルワークとは何かをめぐる議論を生み、今日まで思想、概念、戦略、方法、技術、そして実践に影響を与えている。

❶全米ソーシャルワーカー協会と専門職

　アメリカのソーシャルワーカー協会は、7つの分野に分かれていた専門職組織が1955年に統合され、全国組織全米ソーシャルワーカー協会（NASW）となった。NASWには、大学（学士）、大学院（ソーシャルワーク修士〔MSW〕）、大学院（博士）のレベルの学位をもつ人が登録し、その数は全米で約12万人と報告されている。

　NASWは、社会サービスの動向や専門職の連携、政策提言、ソーシャルワーク関連の研究の諸分野などに成果を上げ、政治的にも大きな発言権を有する組織となっている。

❷ソーシャルワーク専門職養成

　ソーシャルワーク教育協議会（CSWE）は、NASWとの協力の下、2017～2019年の収集データによるデータ分析を用いて、2020年にその結果を発表している。これらには、人口動態、人種や民族背景、教育背景、就労先、労働市場の経験、サービス提供対象、仕事満足度などが含まれる。このデータによれば、ソーシャルワーカーは多分野、さまざまな領域でサービスを提供している。これは、ソーシャルワーカーが、ソーシャルワーカーという資格で働くことを超えて、高い支援ニーズをもつ対象、低所得の人々に対して広範囲のサービスを提供していることを意味する。

　ソーシャルワーカーの労働市場は一般的に良好で、新卒のソーシャルワーカーは、他領域の修士号保持者に比べて賃金が低いとの不満があるが、収入以外の点では仕事に満足している。

❸ソーシャルワーカーの雇用状況と見込み

　ソーシャルワーカーの数は、学位、資格、登録者数など、種々の統計がある。全体的な雇用は、2021年には70万8,100人であったのに対し、2031年には77万2,100人になると予測されている。[62]

＊62
米国労働統計局。

　分野ごとでは、子ども・家庭・スクールソーシャルワーカーは、家族と協力して子育てスキルの向上を支援し、児童虐待を防止すること、また、家族と暮らせない子どもへの居場所の提供を行う。この分野のソーシャルワーカーの雇用は、国・州・地方のそれぞれの予算状況によって制限される可能性がある。

　ヘルスケアソーシャルワーカーは、高齢者とその家族が、必要とする治療やライフスタイルに適応できるよう支援するために、今後も必要とされ続ける見込みである。

　精神疾患や薬物乱用による治療を必要とする人が増えるほどに、メンタルヘルス・薬物乱用のソーシャルワーカーの雇用は増加する。また、薬物による犯罪者は刑務所に送られるのではなく、治療プログラムに参加するためにソーシャルワーカーが配置された施設などに誘導されるケースが増加していることからも、ソーシャルワーカーの需要が増えているといえる。

❹ソーシャルワーカーとしての資格や条件

　ソーシャルワーカーとして就労するには、通常、学士号または修士号

〈表３－６〉ソーシャルワーカーに必要な資格と分野ごとの割合（2017）

	修士号を要する	免許を要する	[63]就業前経験を要する
①子ども・家庭・スクールソーシャルワーカー	21%	23%	65%
②ヘルスケアソーシャルワーカー	55%	90%	57%
③メンタルヘルス・薬物乱用のソーシャルワーカー	30%	※61%	67%

※　免許のほか、就業前訓練を要する
（筆者作成）

*63
当該分野での就労経験（資格のレベルにより、求められる要件は異なる）、あるいは資格取得と実習経験の両方を必要とする場合もある。例えば、メンタルヘルス・薬物乱用のソーシャルワーカーは、ドラッグスペシャリスト（薬物依存の専門職）の訓練を受けていることや資格取得が求められることが多い。

*64
資格ごとに、学士、修士の学位課程とは別の研修プログラムが設定されている。もしくは、学位取得の課程に付加されており、選択可能な場合もある。

*65
教育者や研究者のためのソーシャルワークグループのほか、ヘルスケアリーダーシップ、腎臓学、腫瘍学、児童福祉、学校、刑務所、裁判所、その他多くの人的・社会的環境などである。

を取得している必要がある。州によっては独自にライセンスや認定証などを発行したり、職種によって別の資格を必要とする場合がある。例えば、メンタルヘルス・薬物乱用のソーシャルワーカーのうち61％は、免許だけでなく就業前訓練を必要とする（表３－６）。

❺ソーシャルワーカー組織としての政治への影響力

　ソーシャルワーカーの数と政治の関係は密接である。NASWによる政治的発言の影響力は大きい。国をはじめ、州、及び地方の公選職には何百人ものソーシャルワーカーが活動している。今日、約50の特別利益団体が圧力団体として、ソーシャルワーク専門職の組織や制度政策に影響を及ぼしている。

❻ソーシャルワーカーの多岐にわたる職域

　ソーシャルワーカーの仕事の領域は多岐にわたっている。それらは、民間から公的な分野に及び、個人、地域、集団を包含し、組織の運営から、政治分野における議員活動に至るまで非常に幅広い。具体的なソーシャルワークの仕事の場は、学校、病院、精神科クリニック、高齢者センター、政府に認可された子ども家庭サービスセンター、刑務所、軍隊、企業、及び多数の公的及び民間の機関を含む、コミュニティ生活のあらゆる面をカバーしている。

　近年、新たにかつ明確に位置付けられている仕事に国際ソーシャルワークがある。国際間の開発におけるソーシャルワークの機能は多様である。これには、外国の地域・社会、難民キャンプ、孤児院、病院、学校での直接的なサービスのほか、政府組織、政府間組織、及び非政府組織による社会福祉の向上への取り組みの支援が含まれる。

　ソーシャルワーカーは、障害や生命を脅かす病気、または不適切な住居、失業、薬物乱用などの社会問題に直面しているクライアントを支援

する。これらは特に心理社会的分野、精神保健福祉の臨床にかかわる技術が求められる仕事である。また、深刻な家庭内の課題を抱えている家族を支援し、ときには子どもや配偶者の虐待にも介入する。さらには、研究を行ったり、サービスの改善を提唱したり、システム設計に従事したり、計画や政策の策定に関与することもある。多くのソーシャルワーカーは、特定の環境で特定の集団にサービスを提供し、働いている。

　今日、ソーシャルワーカーは、雇用の成長統計からみて最も主要な職業の一つである。主にテロやその他の種類の暴力の増加により、ソーシャルワーカーの需要は高く、トラウマを克服するために多くの人が助けを必要としているからである。

❼ソーシャルワークの専門性（修士）とメンタルヘルスの専門分野

　世界の４人に１人が、人生のある時点で精神障害に苦しむと報告されている[*66]。精神障害の主な原因は、多忙なライフスタイル、運動不足、コミュニケーションの欠如などが推察されるが、おそらく３つの要因すべての組み合わせである。そのため、ソーシャルワーカーに需要があり、回復期間のサポートの重要な部分を占めている。

＊66
WHO、2020 World mental health report: Transforming mental health for all

（3）イギリスの子ども分野のソーシャルワーカーの仕事

　イギリスの子どもとその家族にかかわるソーシャルワーカー（ここでは「子ども家庭ソーシャルワーカー」という）は、地方自治体に登録されて働いている。ここでは、2021年10月1日から2022年9月30日までのデータに基づき報告する。

❶子ども家庭ソーシャルワーカーの就労者数等の実態

　子ども家庭ソーシャルワーカーとして雇用されている数は、2022年は31,600人である。2019年に比べると増えたが、2021年よりは2.7％減少している。

　求人数（不足している数）は2021年よりも21％増え約7,900人となり、退職者数は9％増え、過去最多の5,400人であった。

　子ども家庭ソーシャルワーカーの登録者数は、2017年の統計開始以来、2022年に初めて減少した。これが、求人数・派遣社員雇用数が過去最多となり、平均雇用者数の増加に寄与したと考えられる。

　就労の実態として、ワーカー1人当たりが取り扱うケースの件数や、病気による欠勤率も増加した。

❷子ども家庭ソーシャルワーカーの定着率

　子ども家庭ソーシャルワーク分野における調査結果では、回答した約3分の1の地方自治体のうち、多くが子ども家庭ソーシャルワーカーの採用と定着の課題を抱えていることが判明した。

　イギリスでは、子ども家庭ソーシャルワーカーのうち、有資格者がステップアップしていく仕組みがあるものの、2022年には上級のソーシャルワーカーに登録した者はいなかった。

❸子ども家庭ソーシャルワーカーの年齢・性別・民族背景

　59歳未満の子ども家庭ソーシャルワーカーの数は、2021年から2022年にかけてすべての年齢層で減少した。ソーシャルワーカー全体のうち、75%が20〜29歳と50〜59歳の層であった。

　また、ソーシャルワーカーの87%が女性であり、教職員（75%）や専門職（45%）よりも女性比率が高い職業であるといえる。[67]

　民族背景を見ると、ソーシャルワーカーの24%が少数民族（白人少数派を除く）の出身であり、年々増加している。これらの変化は主に、2017年以降、黒人民族グループ出身のソーシャルワーカーが増加していることによる。

❹担当する子ども・家庭課題の件数

　子ども家庭ソーシャルワーカー1人当たりが抱える対応件数（平均）は、2022年9月30日時点で16.6件であった（対応件数総数は335,600件、実働している子ども家庭ソーシャルワーカーは20,200人）。これは、2021年の16.3件を上回ったが、2019年の16.9件よりは少ない。2021年から2022年にかけて、ケースが安定したものもあったため、件数そのものは減っている。しかしながら、子ども家庭ソーシャルワーカーとして働く人が減ったため、1人当たりが対応する件数は増えている。

（4）ヨーロッパ諸国のソーシャルワークの課題

　近年、北欧諸国を含め世界を席巻する新保守主義の台頭で、教育と多様な社会サービスがおおむね無料で受けられる制度が維持されてきた福祉国家の様相は変化しつつある。専門性に基づく権能を有すると評されてきたソーシャルワーカーの役割や立場に対して異論を唱える政治風土や官僚主義が力を得てきた。今日北欧諸国の公的セクターのマネジメントは「福祉ミックス」モデルが一般的な動向となり、福祉財源全体のパ

*67
例えば作業療法士(OT)、理学療法士（PT）、心理学者（Psychologist、欧米では博士号が必要）などである。

イをどのように分配消費するかが問われている。

　EUは、加盟国間の経済社会活動の規制緩和を目標として1999年、高等教育の学位認定の質と水準を同レベルとして扱うこと（ボローニャ・プロセス）において一連の行政会合及び合意を行った。北欧はこれまで独自の教育システムに基づく専門職養成を行ってきたが、ボローニャ・プロセスを意識し、教育、看護、ペダゴーグ（療育と教育を統合した領域）、ソーシャルワーク分野の大学院での専門職養成カリキュラムを標準化し、専門職がEU圏内の労働市場により円滑に参入できることをめざしている。[3] 北欧5か国のうち、スウェーデン、デンマーク、フィンランドはEUに加盟し、ノルウェーやアイスランドは加盟していない。

（5）ヨーロッパへの移住人口の増加と社会統合の課題

　ヨーロッパ諸国では、1960年代までは、地域の経済状態も反映して、外国への移住人口が移入を上回っていた。その後、経済的発展と国々の政策を含めた整備により、移住人口は流出から流入上昇に転じた。移住社会への統合のための積極的な支援を推進する取り組みには主として2つのモデルが示されてきた。一般国民向けの施策を移民にも適用するフランスと、移民の生まれた民族・文化コミュニティの差異を認めるイギリスがそれにあたる。ドイツ、オーストリア、スイスはフランス寄りの考え方、北欧諸国、オランダ、そしてベルギーのオランダ語圏は、伝統的にイギリス寄りの考えを取り入れてきた。高福祉国では、他のヨーロッパ諸国に比して政府が市民の生活により積極的に介入し、移民向けに特別な便宜を図ってきた。オランダと北欧数か国のみは、選挙権を与える政策を十数年前から取っている。

　近年、ヨーロッパ諸国には、移住者を外国人として受け入れる政策に変化が認められる。エスニック・マイノリティをいかにして社会に統合していくかの問題に直面している。[4]

（6）途上国の実践

　アジア、アフリカ及びラテンアメリカのソーシャルワーク実践と教育は、それぞれ特徴があり一つの概念でくくることはできない。一方、欧米を含む先進諸国とは対照的な特色をもつ。これらの地域では、コミュニティを実践の場と位置付け、住民を教育し、集団やコミュニティの力を結集し、集団を形成する個人に内在する力に気付きを与え、個人、グループ、コミュニティにエンパワメントをもたらすソーシャルワークが

主流である。また必要な場合には社会や政府に対するプロテスト（抗議）や政治的折衝を行う。

❶アジア地域

　多くの人口を擁するインドと中国の２国においてソーシャルワーカー養成の機関と内容整備が急速に進展している。インドのソーシャルワーカー養成機関数と養成人数はアジア地域で最大数を維持し続ける可能性がある。インドのソーシャルワーカーの活動は、子どもや家族に対する保護、ストリートチルドレン、人身売買、児童労働、少女結婚、トライバルチルドレンの教育や学習支援、女性のエンパワメントや職業的自立とコミュニティ開発、HIV患者への支援、社会・環境問題に対する抗議活動支援など多岐に及ぶ。[5]中国がめざす急激な経済発展政策や都市化現象は、国内及び外国からの急激な人口移動により、人々の生活問題を急増させており、社会サービスの開発とソーシャルワーク人材養成の対応が急務である。また、都市と農村の経済格差が顕在化している。大都市の地域サービス機関は新たな移住者に対し、もとの言語・文化の維持と新たな言語の習得、新たな環境での生活スキルや社会適応を促す支援方法を模索している。

❷イスラム文化圏

　イスラム文化圏は、アジア・アフリカ地域でかなりの人口を占めている。これらの国々においてもソーシャルワーク実践の理念、専門職の倫理、方法は世界のほかの文化圏と共通性が高い。一方、伝統文化や信仰など、文化的繊細さを含めた実践、信念システムを重視してそれぞれ、個人や集団、コミュニティの特性に着目したソーシャルワークの実践をすることが、よりよい成果をもたらすと考えるのが近年の動向であり、文化に根差した価値観に着目し文化的コンピテンシー（対応力）を有するソーシャルワークが模索されている。

❸アフリカ地域

　アフリカ地域では、社会サービスやソーシャルワーカー養成の仕組みに地域による格差が存在する。これまでアフリカの一部の地域では部族間紛争、経済の不均衡による対立などにより、子ども、家族、女性に対する抑圧や差別の被害が報告されている。また、気候変動に伴う環境、生活や経済への影響も深刻で、難民や民族移動、労働市場を求めて移動

する親と残された子どもへの影響も報告されている。

❹先住民のコミュニティへの政策介入

　多様な課題、例えば、貧困、メンタルヘルス、教育を含む課題に対応する上で、高等教育へのアクセスの機会を保障し、先住民に対するソーシャルワークのリーダーを育てる奨学金や上位の学位取得の機会を提供し、コミュニティのロールモデルを示すことなど、権利擁護を自ら行う人々を輩出する事例が報告されている。

（7）グローバリゼーションの進展がもたらすソーシャルワーク課題のグローカルな共通性と多様性への認識

　この項では、グローバリゼーションがもたらしているソーシャルワークの国際動向と各国の実践への影響を振り返った。その特徴はグローカリゼーションという言葉で表すことができる。

　この意味で、国際ソーシャルワークの課題を世界各国のソーシャルワークは共有している。ソーシャルワーク専門職のグローバル定義、ソーシャルワークの理論、研究、実践方法を世界で広く共有するに至っている。こうした文脈の下、文化的多様性と繊細性をもったソーシャルワークに対応する文化的コンピテンシー（対応力）のあるソーシャルワークの重要性が増しており、この動向を支持する声が高まっている。

引用文献

1）Nikku, B.R., Pulla, V.（2014）'Global Agenda for Social Work and Social Development: Voices of the social work educators from Asia', *International social work*, Vol. 57, No. 4, pp. 373-85.

2）木村真理子「アメリカにおける精神保健福祉分野のソーシャルワーク発展の歴史」精神保健福祉士養成セミナー編集委員会 編『精神保健福祉の理論と相談援助の展開Ⅰ、4、第6版』へるす出版、2017年、102〜111頁、Germain, C. B. and Gitterman, A.（1980）*The life model of social work practice*, New York: Columbia University Press.

3）Strauss, H.（2008）Regional perspectives: Social work in the Nordic countries: Contemporary trends and shifts in education and policy, Vol. 51, Issues. 2, pp. 253-261.

4）日本労働省研修支援機構「外国人労働者と社会統合 EU：欧州における移民受入れと社会統合の展開」『フォーカス』2007年2月号

5）Broughton, E.（2005）The Bhopal disaster and its aftermath: a review, *Environ Health*, Vol. 4, No. 1,p. 6.

第4章

ソーシャルワークの歴史的発展過程

学習のねらい

　本章では、ソーシャルワークの歴史的発展過程について学ぶ。ソーシャルワークの源流を理解することはソーシャルワークの本質を学ぶ上で不可欠であり、その歴史的経過は現在のソーシャルワークを理解する上でも重要となる。

　第1節では、ソーシャルワークの前史として、ソーシャルワークの本質につながる源流について理解を深める。

　第2節では、ソーシャルワークが理論的に生成される1960年代までの過程について学ぶ。そのときどきの社会情勢と密接な関係をもちながらソーシャルワークが発展してきたことと合わせて理解することが求められる。

　第3節では、ソーシャルワークの統合化とそれ以降の新しい動きについて概観する。現代社会におけるソーシャルワークの専門性が、多面的に論じられるようになっていることを明らかにする。

第1節　ソーシャルワーク前史

1　隣友運動とエルバーフェルト制度

　ソーシャルワークは慈善組織協会（Charity Organization Society：COS）の活動により組織化されていくが、その前史として、19世紀のイギリスのチャルマーズ（Chalmers, T.）の隣友運動（Neighbourhood Movement）、ドイツのエルバーフェルト制度（Elberfeld System）などがあげられる。

　リッチモンド（Richmond, M. E.）がケースワークの創始者の一人としてあげているチャルマーズの**隣友運動**は、牧師であるチャルマーズが1819年にグラスゴー市の教区において試みた貧民救済活動である。

　チャルマーズは教区を分割し、各区に担当者を配置した。担当者は家庭訪問することにより、貧民の生活の実情を把握し、生活上の相談に応じた。金銭の支給よりも、いかなる資源が活用でき、どのように援助するかに留意して救済活動を行った。そして救済活動では、上から与えるのではなく普通の友人として接することを説いた。チャルマーズは援助を求めて来た人々の調査を行い、貧困の原因の追究を試み、「科学的救済法」を提案した。

　日本の**方面委員**のモデルともなった**エルバーフェルト制度**は、1852年にエルバーフェルトライン市において、ハイト（Heydt, D. V. D.）により発案されたものである。エルバーフェルト制度も全市を細分化し、各地区に市民の中から選出した名誉職である救済委員を配置し、救済委員が貧困家庭への訪問や調査を行い、貧民を出さないことをめざした。また、貧民の相談相手となり、ときには医療や職業のあっせんなども行い、自助の方法を講じた。救済委員と貧民との個人的接触に重きが置かれ、救済委員は友人の立場に立って援助を行った。

　いずれも慈善の組織化を試みた活動で、担当者を配置して、家庭訪問により家庭の個別な事情に応じ必要な援助を行った。また貧民とは上下の関係ではなく、友人の立場に立つことが求められた。このような活動は、後のケースワークに示唆を与えたものと考えられる。

2 慈善組織協会

　イギリスは18世紀後半から19世紀前半にかけて、産業革命により世界でいち早く工業国となり、「ビクトリア朝の繁栄」の時代を迎えていた。この時代は自由主義全盛期であり、自助の道徳が支配する個人主義の時代であった。多くの人々が財産と社会的地位を築き、中産階級となっていった。経済発展は中産階級を中心として進められ、彼らはピューリタニズムの伝統を受け継いだ自立と勤勉と倹約を重んじた人々であった。

　労働者の中でも、熟練労働者や継続雇用にある労働者は所得があり、安定した生活が望めたが、労働者階級の多数を占める未熟練労働者や不安定就労者は、収入も乏しくその日暮らしの生活をしていた。失業、傷病、老齢、稼ぎ手の死亡などにより生活がたちゆかなくなり、最終的には救貧法に頼るか、慈善家の救済に頼るしかなかった。

　私的な慈善活動は経済の繁栄とともに急増し、ロンドンでは多くの私的慈善団体があり、それぞれ個別に活動を行っていた。主たる活動は金品の施与で、団体相互の連絡もなく、貧民個人の事情や施与の結果を考えない無分別なものであったため、物乞いを職業とする者も増加していった。

　こうしたなかで、無秩序な施与を改め、慈善団体相互に活動を関係付けて、統合、組織化することを目的として、1869年に「慈善的救済を組織化し乞食を抑圧するための協会」（Society for Organizing Charitable Relief and Repressing Mendicity）が設立され、1870年には**「慈善組織協会」（COS）**と改称された。

　COSの思想は、当時のイギリスを支配していた自由主義的個人主義によるもので、貧民を「救済の価値ある貧民」（the deserving poor）と「救済の価値のない貧民」（the undeserving poor）とに区別し、前者のみをその対象とし、後者は公的院内救済が対象とすべきとした。

　COSでは、個々の貧民の生活実情の調査を行い、訪問調査の記録を作成し、救済の可否とその種類や程度を決定した。「施しよりは友を」の思想のもと、定期的な**友愛訪問**（friendly visiting）によって、貧民の生活態度や道徳的な改良をめざすものであった。このような援助方法を、COSでは1880年代初頭から「ケースワーク」とよぶようになった。

　友愛訪問はボランティアによって行われていたが、1881年から有給の指導主事を採用し、ボランティアの訓練とケースワークの統一的実践の促進を行った。友愛訪問には「広い知識」と「社会的訓練」が必要で

あって、慈善活動は科学に基づく「科学的慈善」でなければならない、とCOSの書記であったロック（Loch, C. S.）は主張した。

　ボランティアの組織的な募集と訓練のために1896年には他の組織と協力して、共同講座委員会を組織し、「ボランティア講座」を開設した。1903年には「社会学専門学校」を開設し、社会福祉の専門教育の先駆となった。またCOSはイギリス内外に向けて、無分別な慈善を科学的慈善の方法に再編成する強力な組織運動の展開を行った。

　アメリカでも19世紀初頭、繰り返される恐慌により失業者は増加したが、公的な措置はとられず、次第に民間慈善事業が発生していった。しかしその無計画な慈善は混乱を引き起こしたため、1843年にアメリカCOSの前駆形態とされている貧民状態改良協会（Association for Improving the Condition of the Poor：AICP）がニューヨークに設立された。その目的は無差別な施しを反省し、物質的より精神的援助を行い「自助」を強調するものであった。

　1873年に始まる恐慌の中で、1877年、アメリカでもニューヨーク州バッファローでCOSが発足した。牧師のガーティン（Gurteen, S. H.）がロンドンCOSで活動した経験をもとに設立した。COSは短期間でアメリカ各都市に広がり、AICPもその活動と合併したり、協力していった。

　1911年には全国慈善組織協会連盟が設立され、協会は慈善事業の組織化、科学化、専門職業化を追求していった。

　COSでは、友愛訪問員（friendly visitor）が家庭訪問を行い、働くことを望んでいる人への仕事のあっせんや、救済が必要な人に対しては救済施設を紹介し、対象者の自助を促し、道徳的なレベルにおける忠告と訓戒を与えていった。

　1880年代には社会改良運動が盛り上がり、住宅改良運動や結核予防運動への協力、要保護児童へのはたらきかけなど、環境の改善や貧窮の予防などにもCOSの活動が広がった。こうして活動が広がり従事者も増加するにつれ、現場の従事者の訓練が必要とされるようになった。1898年にニューヨークCOSによる博愛事業に関する講習会が開催され、1901年には夏期講習に発展し、1904年、ニューヨーク博愛学校（New York School of Philanthropy）と改称され、教育年限も2年になるなど、専門教育が開始された。

　1919年に、全国慈善組織協会連盟はアメリカ家族ソーシャルワーク組織連盟と名称を変え、COSは家庭福祉事業を行う機関へと変質していった。

3 セツルメント

　1884年、ロンドンのイーストエンドに世界初のセツルメント「トインビーホール」(Toynbee Hall) が開設された。初代館長はバーネット (Barnett, S. A.) で、運営主体は大学セツルメント協会であった。ともに創設に携わり、志なかばで急逝したトインビー (Toynbee, A. J.) を記念して名付けられたものであった。

　バーネットが1867年に赴任したロンドンの教会の司祭フリマントル (Fremantle, W.) は、貧民救済、教区学校、労働者クラブなどの活動を積極的に進め、バーネットはその活動の一部を担当していた。フリマントルはこの地区を博愛活動の拠点とするヒル (Hill, O.) の協力を得て、無分別な慈善に対して、教区の貧民救済活動の改革に着手した。この活動はやがて慈善組織協会の地区委員会の結成へと発展し、その実務をバーネットが担当した。

　バーネットは異動先の教会でも、宣教活動と教育文化活動とともに、COSの協力を得て貧民救済活動を行った。この活動には多くのボランティアが協力したが、その中にはオックスフォード大学の学生たちもおり、彼らはバーネットの勧めでホワイトチャペルの空き家へ住み込んで活動した。この経験がトインビーホールの開設へとつながっていった。

　セツルメントの事業は、労働者や児童の教育文化活動、社会調査とそれに基づく社会改良運動であった。活動は、中産知識階級の大学教師・学生、宣教師たちが貧困の社会的原因を認識し、スラム街の拠点にセツラーとして移住して、貧民との人格的な接触を通じて行われた。

　その後、イギリス各地にトインビーホールに倣ってセツルメントが設けられた。セツルメントは大学や宗教団体などの民間団体により運営されたが、活動内容は、宗教活動を主体とするもの、社会教育や文化活動を主体とするもの、診療、保育、授産など社会事業活動を主体とするもの、手工芸、スポーツ、遊びなど余暇活動を主体とするものなど、設置目的や地域の実情により多様であった。

　アメリカにおけるセツルメント活動は、トインビーホールを訪問した**コイト** (Coit, S.) により、1886年に設立された「**ネイバーフッドギルド**」(Neighbourhood Guild) に端を発する。

　同じくトインビーホールを訪れた**アダムズ** (Addams, J.) によって、1889年にシカゴに「**ハルハウス**」(Hull House) が設立された。ハルハウスでの活動は、クラブ活動、教育活動、保育園の開設、移民支援、婦

第4章

人参政権運動など多岐にわたった。同年には「大学セツルメント」（College Settlement）がスカダー（Scudder, V. D.）らによって設立された。

その後セツルメントはアメリカでも急激に増加し、そのほとんどは移民の多く居住する地域に設置された。さらに、1911年には全国セツルメント連盟が結成された。セツルメントでは次々と調査が行われ、社会改良運動へとつながっていった。

4 慈善組織協会とセツルメントの歴史的意義

これまで見てきたように、まずイギリスでCOSとセツルメント活動が始まり、その後イギリスの実践に学びながらアメリカでも活動が開始された。COSとセツルメントの歴史的意義をそれぞれ比較しながらまとめると以下のとおりである。

類似点としては、後のソーシャルワークの方法につながる基盤となった実践があげられる。COSにおける友愛訪問や地域の慈善組織化の活動、セツルメントにおけるグループ活動や地域の改良活動は、**ケースワーク**、**グループワーク**、**コミュニティオーガニゼーション**といった方法を生み出す萌芽となった。

また、ボランティアを多く活用した点もあげられる。ボランティアは社会的には恵まれた階級に属しており、貧民の救済に意欲をもっていた人たちである。

相違点としては、COSは貧困の原因を個人に求め、セツルメントは社会に求めていた点である。COSでは貧困は個人の道徳的な問題にあると考えられたため、救済の価値のある貧民と価値のない貧民に分けて対象の線引きを行い、友愛訪問による道徳的教化を行った。しかし貧困者の生活調査をしていく中で、貧困の理由は失業や低賃金、疾病や老齢などにあることがわかり、その活動に自己矛盾を抱えていった。

一方、セツルメントでは貧困の原因は社会経済的な欠陥にあるととらえたため、社会改良の活動につながっていった。

5 リッチモンドによるケースワークの科学化

　ケースワークは「ケースワークの母」とよばれるリッチモンドにより確立された。リッチモンドは、1889年にバルチモアCOSに会計補佐として入職した。会計や広報の仕事とともに友愛訪問員としての活動も行い、地区ケース会議にも参加し、1891年にはバルチモアCOSの総主事となった。

　これらの活動からリッチモンドは、従事者の専門的基準が欠けていることを痛感し、1897年の全国慈善矯正会議では、訓練学校の必要性を唱えた。

　1905年に発表した論文「社会改良の小売的方法」（The Retail Method of Reform）では、当時の社会改良思想の流れを受け、ケースワークを「小売的方法」、社会改良を「卸売的方法」とし、両者の相互関係を示した。そして、社会改良が有効にはたらくためには、小売的方法が必要であることを説いた。

　1917年には『**社会診断**』（*Social Diagnosis*）を著し、ケースワーカーが共通に所有する知識、方法を体系的に示し、ケースワークを専門的な水準に高めようとした。リッチモンドは社会診断を、クライエントの社会的状況と個性に関してできるだけ明確にすることをめざすものとした。その過程を、①社会的証拠の収集、②証拠の比較・推論、③社会診断とし、後の社会治療の計画へとつながる過程であるとした。

　さらに、1922年には『**ソーシャル・ケース・ワークとは何か**』（*What is Social Case Work ?*）を著した。この中で、ケースワークの定義を、人間と社会環境との間を個別に、意識的に調整することを通してパーソナリティを発達させる諸過程から成り立っているとした。また、ケースワークの原理を、①人間は相互に依存している、②人間は異なっている、③人間は意志と目的をもっている、とした。

　リッチモンドはケースワークを経験的・道徳的なものから、社会的視点と科学的な方法や技術を導入し、専門的、科学的なものへと発展させた。

第4章

6 ケースワークの専門化の流れと ケースワークの広がり

　1910年前後にはケースワークの対象とする問題領域が広がり、アメリカではさまざまな機関にケースワーカーが採用されるようになった。医療の分野では、1905年にキャボット（Cabot, R. C.）の主導により、マサチューセッツ総合病院にケースワークが導入され、教育の分野では、1906年に学校ソーシャルワークの前身である訪問教員制度が導入された。精神医療の分野でも、1905年にベルビュー病院とコーネル診療所に精神医学ソーシャルワークの部門が設置された。

　1917年には第一次世界大戦にアメリカも参戦したが、経済的な問題とは関係なく、ケースワークは出征軍人の留守家族へのサービスをも提供したことで、アメリカ国内に広がっていった。

　専門分化の流れの中で一つの専門職としてのまとまりを求める声が高まり、1923年にペンシルヴァニア州ミルフォードで会議が行われた。会議には一般医療、精神科、家族、児童、学校、保護観察の各領域からの代表が集まった。ここでの主要なテーマは、①ジェネリック・ケースワークとは何か、②ケースワークにとって適切な機関とは何か、③地域でケースワークの機関の分業はどうなされるべきか、④ケースワークの訓練はどう編成するか、であり、1928年まで毎年会議は開催され、1929年には報告書が出された。

　専門職化の動きは、教育機関の設立や専門雑誌の刊行、専門職団体の出現などによっても進められていった。

　1920年代、ケースワーカーたちはリッチモンドのケースワークを踏襲しながら、当時の諸科学の知見を取り入れていった。1909年に**フロイト**（Freud, S.）がクラーク大学で講義を行い、フロイトの学説はアメリカ各地に紹介されていった。アメリカ精神医学の中に精神分析的思考様式が浸透していき、第一次世界大戦における戦争ノイローゼや砲弾神経症の軍人への対応にフロイトの学説が応用された。

　ケースワークにも心理学的・精神医学的な理論が取り入れられていくようになり、後に「**診断派（診断主義）ケースワーク**」とよばれるケースワークが主流となっていった。精神分析の理論は人間行動の諸側面への理解とそれを取り扱う方法を提供してくれると考えられ、専門的であり、科学的であることを欲していたケースワーカーたちに受け入れられていった。1920年代には、社会改良は不要である、という考えが広く行

き渡り、ケースワーカーたちは個人的、情緒的な問題にいっそう関心を強めていった。

　1929年に始まる世界恐慌に対し、アメリカではニューディール政策が行われ、1935年に社会保険、公的扶助、福祉事業から成る社会保障法を成立させた。その内容は、健康保険が欠如していたなど、不十分ではあったが、それまでの民間の社会福祉事業から公的な制度の制定という点で、大きな意味をもつものであった。

　このころケースワーカーは公的機関に採用され始めていたが、さらに多くのケースワーカーが、経済的援助を提供する公的な機関へも進出していった。それはケースワークの場の広がりと、それまでのケースワークの思想や技術などを公的機関にも浸透させていく契機となった。

7　グループワークとコミュニティワークの源流と基礎確立

　グループワークとコミュニティワークの起源は、前述したCOSとセツルメントにみられる。

　このほか、グループワークの源流には、イギリスやアメリカにおいて19世紀中ごろから20世紀初頭にかけて始まったYMCAやYWCA、ボーイスカウトといった青少年団体の活動、レクリエーション運動、成人教育運動などがある。これらではグループの活動を通して、個々の成長や発達、社会的機能を高めることなどが行われた。

　1920年代には「グループワーク」という用語が使用されるようになり、1923年にはウエスタン・リザーブ大学の大学院にグループワークのコースが設置され、この後、グループワークを教科に含める学校が増加していった。理論的にも1930年にはコイル（Coyle, G.）が『組織されたグループにおける社会的過程』（*Social Process in Organized Groups*）を著し、グループワークを体系付けた。また、1935年には全国ソーシャルワーク会議にグループワーク部会として位置付けられ、ソーシャルワークの一方法としてのグループワークが明確となった。

　コミュニティワークの源流には、イギリスにおいて各地に設置された連絡調整機関や、1919年に設立された全英ボランタリー団体協議会がある。同様に、アメリカにおける地域福祉協議会や施設協議会の組織、共同募金運動などの活動があげられる。1939年には**レイン報告書**により「*[*1]**ニーズ・資源調整説**」が示され、地域活動の科学化が進められた。

*1
ニーズ・資源調整説とは、1939年の全米社会事業会議に提出されたコミュニティ・オーガニゼーションの起草委員会の報告（レイン報告書）において、コミュニティ・オーガニゼーションの一般的目標を社会福祉資源と社会福祉ニーズとの間に、より効果的な調整と、かつそれを維持することとしたもの。

8 日本における発展

　日本にケースワークが導入されたのは、大正9（1920）年前後である。大正13（1924）年に三好豊太郎が『「ケースウォーク」としての人事相談事業』を著して以後、戦前は多くの研究者がリッチモンドのケースワークの紹介と、それを日本の社会事業に取り入れようと試みた。代表的な研究者として、小沢　一、福山政一、竹内愛二、三好豊太郎、海野幸徳などがあげられる。

　このうち小沢は、養育院や浴風園での勤務を通して、児童保護や養老事業に関する論文も多い。仏教思想を根底にもち、自らの現場体験に裏付けられた実践的なケースワーク研究を行った。救護法施行後の昭和9（1934）年に出版した『救護事業指針』は、救護事業の理論とケースワークの実際を体系的に著したもので、小沢の代表的な著書である。

　戦前のケースワーク実践は、方面委員や児童保護員、巡回看護、病院社会事業においてみられるが、戦時体制下になると社会事業は全体国家の中に再編成され、ケースワークの発達も戦後を待つこととなった。

　ここでは方面委員と病院社会事業、セツルメント活動の実践について取り上げる。

（1）方面委員

　方面委員と病院社会事業の活動が始まる大正時代中期から末期の日本は資本主義社会が発展していく一方で、都市のスラム化が進み、貧困層が拡大していた。大正3（1914）年に始まる第一次世界大戦の戦時景気とそれに続く物価の高騰が米騒動を引き起こし、日本中へ飛び火した。社会主義運動の勃興などとも相まって不穏な世相の中、現代の民生委員の前身とされる方面委員制度の取り組みが始まった。

　大正6（1917）年、岡山県では、知事の笠井信一により**済世顧問制度**が設置された。大正天皇が岡山県下の貧民の生活状態について下問したことを受けて貧民の調査を行い、その状況が悲惨であったことから防貧対策として始まったものである。

　大正7（1918）年には大阪府で、知事の林　市蔵が大阪府嘱託の小河滋次郎の協力を得て、**方面委員制度**を設置した。この制度はドイツの**エルバーフェルト制度**から影響を受けてシステム化されたものであった。小学校の通学区域を一区域として、地域に居住する人か、仕事の上で地域と密接な利害関係をもつ人の中から、「何の肩書きももたない実際の

町の世話役」として、質商、米穀商、医師、自営業者など、さまざまな職種の人が方面委員として選任された。活動は、家庭訪問により地域の生活状態の調査を行い、結果を台帳に記し、その状況を把握して必要な援助を行うことであった。救済が必要な場合は、他の関係機関と密接な連絡を保ちつつ、職業あっせんや保育機関への委託、施療病院へつなぐことや戸籍の整理を手伝うことなどが行われ、幅広く生活の相談にのり、援助が行われた。

　同じく大正7（1918）年には、東京府慈善協会による救済委員制度が知事の井上友一によって設置された。救済委員制度はその役割により、名誉委員、方面委員、専任委員に分かれていた。専任委員は細民地区をもつ地域に配置され、その地域の経済や職業、風紀、衛生、教育状態などを調査して把握し、貧民の相談にのり、救護の方法を考える実働部隊であった。救護には、濫給や救助の重複を避け、生業扶助や居宅救助を先とし、金品の施与よりも相談相手となることを優先することが求められた。大正11（1922）年には「東京市方面委員規定」が公布され、東京府慈善協会の救済委員活動は東京市方面委員制度と一本化された。

　方面委員活動は他の府県にも普及していき、組織形態や名称などは統一されたものではなかったが、昭和3（1928）年の福井県を最後に全国に設置された。その後、昭和7（1932）年には全日本方面委員連盟が結成され、名称もほぼ方面委員で統一された。組織的な活動が行われ、昭和11（1936）年に方面委員令が制定された際に救護委員として、その活動を担うこととなった。

　方面委員の活動傾向は地域ごとに異なったが、委員に任命された者は地域の実情を調査し、他の機関とも連携をとりながら、適宜必要な援助を行う、というケースワークの手法を用いた活動を行った。具体的な援助の方法を見ると、対象者へ説諭や訓戒を与えるなど、道徳的な手法も用いられていたことがわかる。また個々の活動のみならず、組織として、救護法制定・実施に向けての促進運動も行った。

（2）病院社会事業

　戦前の病院社会事業は、現在の医療ソーシャルワークにつながるものだが、大正中期から昭和の初めにかけてその実践が始まった。

　泉橋慈善病院（現 三井記念病院）は三井家が開設した病院で、大正9（1920）年にその事業を幇助する目的で賛助婦人会が結成された。賛助婦人会は結成と同時に病人相談所を設置し、相談員を置いた。相談内

容は多岐にわたり、「入院患者の慰問」「入院患者の家族訪問」「治療法について」「入院希望について」「肺病患者の処置について」「身の上相談」「慈恵資金給与の世話」「手紙の代筆」など、患者が困っていることは何でも相談を受けた。相談員の機能には「仲介機能」「相談援助機能」「代行機能」があげられ、素朴な形ながらケースワーク活動の萌芽がみられた。

大正14（1925）年には、東京市療養所が社会部を設置し、増大する結核患者の相談業務にあたった。同療養所は、東京市が設置した結核の専門病院で、相談員は、入所中の患者の療養の妨げとなることに関する相談、退所した患者の相談、入所待機中の患者の予防や療養に関する指導や調査などを訪問看護婦とともに行った。

済生会病院（現 東京都済生会中央病院）では、アメリカで直接、キャボットの病院社会事業を見聞した生江孝之（なまえたかゆき）の主導により、大正15（1926）年に社会部を創設し、病院社会事業を開始した。初代の相談員は清水利子（しみずとしこ）で、日本女子大学校で生江から社会事業の教育を受けていた。昭和10（1935）年の社会部の事業現況では、「救済事業」「教化事業」「患者慰安事業」「相談事業」「各種施設との連絡」「調査」「売店事業」「託児事業」「月報発行」「その他必要なる諸事業」があげられ、相談業務のみではなく直接的な物品や金品の給与、外来患者が連れてくる子どもを預かるといった託児事業など多彩な業務が行われていた。

聖路加国際病院では昭和4（1929）年に社会事業部が設置され、アメリカで専門教育を受けた小栗将江（おぐりまさえ）（後の浅賀ふさ（あさが））が初代のソーシャルワーカーとなった。小栗は日本の医療ソーシャルワーカーの開拓者であり、その後の医療ソーシャルワークの発展に大きく寄与した人物である。当初は結核相談所で医師や看護婦などとともに家庭訪問も頻繁に行いながら、患者家族への援助を行った。当院では日米の大学等で専門教育を受けたソーシャルワーカーたちが、専門性の高い相談業務を行ったが、患者や家族への支援のみならず、学生たちへの教育や研究活動、地域住民へ向けての公衆衛生活動なども行った。

これらの病院で共通することは、①いずれも施療の機能をもつ病院における実践で、対象となる患者や家族は多くが貧困層であり、病気と同時に生活上の困難さを抱えていた。病院社会事業はこのような状況の中で必然的に生じてきたものと考えられる、②欧米の病院社会事業の影響を少なからず受けている、③病院運営の中心的な立場の人物が、積極的に病院社会事業を導入した、④病気の療養上、患者や家族が困ることに

関して、その問題解決を担当するケースワーク活動が行われていた、などがあげられる。

（3）セツルメント活動

　日本におけるセツルメント活動は、明治23（1890）年の**石井十次**の相愛夜学校や、明治24（1891）年のアダムス（Adams, A. P.）の岡山博愛会、明治30（1897）年に**片山　潜**が開設した**キングスレー館**により始まる。片山は労働運動や社会改良の事業をアメリカやイギリスで学び、東京神田に当館を開館した。明治44（1911）年には救世軍月島労働寄宿舎、浄土宗労働共済会、有隣園が設立され、それぞれ相談事業や医療活動、労働宿舎、幼児保育、職業紹介などを行った。

　第一次世界大戦後の社会事業の成立期は「セツルメントの時代」とよばれるように、公立、民間、大学セツルメントが発展していった。日本初の公立セツルメントは、大正10（1921）年に設立された大阪市立市民館であり、志賀志那人が初代館長であった。民間では、石井記念愛染園、四恩学園、四貫島セツルメント、興望館、マハヤナ学園など多くの施設が設立された。大学では、大正12（1923）年に東京帝国大学セツルメントが関東大震災後の救援活動を契機に設立され、全国のモデルとなった。

　セツルメントは欧米と同様、民主主義やヒューマニズムの思想に基づいた優れた活動を行い、グループワークやコミュニティワークの源流を見ることができる。しかし、第二次世界大戦下になると本来の活動が困難となり、セツルメントは隣保事業として隣保館が中心となり、本来の機能を失っていった。

　また、グループワークについては、YMCAなどの青少年団体の活動にグループワークの方法を取り入れ、指導書なども出版されるが、戦前には十分な展開はみられなかった。

BOOK 学びの参考図書

●M. E. リッチモンド、小松源助 訳『ソーシャル・ケース・ワークとは何か』中央法規出版、1991年。
　ソーシャルワークの歴史を学ぶためにも、現代のソーシャルワークを考える上でも示唆に富んだリッチモンドの代表的な著作。

参考文献
- 岡本民夫『ケースワーク研究』ミネルヴァ書房、1973年
- 小沢　一「救護事業指針」吉田久一 編『社会福祉古典叢書6　渡辺海旭・矢吹慶輝・小沢　一・高田慎吾集』鳳書院、1982年
- 小松源助・山崎美貴子・田代国次郎・松原康雄『リッチモンド ソーシャル・ケースワーク－「社会的診断論」を中心に』有斐閣、1979年
- 小松源助『ソーシャルワーク理論の歴史と展開』川島書店、1993年
- 小山路男『西洋社会事業史論』光生館、1978年
- 全国民生委員児童委員協議会 編『民生委員制度七十年史』全国社会福祉協議会、1988年
- 一番ケ瀬康子、高島　進 編『講座社会福祉2　社会福祉の歴史』有斐閣、1981年
- 高島　進『イギリス社会福祉発達史論』ミネルヴァ書房、1979年
- 髙橋恭子『戦前病院社会事業史－日本における医療ソーシャルワークの生成過程』ドメス出版、2016年
- 牧　賢一『コミュニティ・オーガニゼーション概論－社会福祉協議会の理論と実際』全国社会福祉協議会、1966年
- W. I. トラットナー、古川孝順 訳『アメリカ社会福祉の歴史－救貧法から福祉国家へ』川島書店、1978年
- M. E. リッチモンド、小松源助 訳『ソーシャル・ケース・ワークとは何か』中央法規出版、1991年
- M. E. リッチモンド、杉本一義 監修、佐藤哲三 監訳『社会診断』あいり出版、2012年
- K. E. リード、大利一雄 訳『グループワークの歴史－人格形成から社会的処遇へ』勁草書房、1992年

第2節 ソーシャルワーク理論化 ～1940年代から1960年代

1 ソーシャルワークの推進

（1）第二次世界大戦のソーシャルワークへの影響

　第二次世界大戦は、ソーシャルワークに影響を及ぼし、1930年代から1940年代にかけてソーシャルワーカーの職務内容は大きく変化した。

　アメリカでは、大恐慌やそれによる大量失業と生活水準の低下などの貧困の拡大により、公的機関においてソーシャルワーカーが必要とされ、その多くは、政治的・社会的・経済的な変革をめざす諸団体とともにソーシャルアクションを起こして組織的に動いていた。その活動範囲は幅広く、彼らは「社会保障制度、公園およびレクリエーション・プログラム、農業再入植計画、スラム一掃ならびに住宅再配分計画、そしてその他無数の類似の活動に参画していた[1]」。この時期のソーシャルワークはコミュニティワークを中心に広がり、その活動が社会的に高く評価された。次第に、ソーシャルワーカーの意見が尊重されるようになり、重要な政策決定に彼らの意見が反映されるまでになった。

　ところが1940年代に入ると、戦争によって神経症や精神的な病を抱える人が急増し、心理的な援助を求める人が多くなった。その結果、医師・看護師・カウンセラーなど他の専門職と同じ職場で仕事をしていたソーシャルワーカーは、チームで援助していく上で精神分析学の理論や方法を実践に取り入れることが強く求められるようになった。次第に、ソーシャルワーカーは精神分析学の知見を積極的に実践に取り入れ、個人とその家族に焦点を当てたケースワークに力を入れるようになった。こうした状況下、それまでソーシャルワークの中核を占めていたコミュニティワークに対する関心は徐々に遠のき、1940年代はケースワークが急速に発展し、ソーシャルワークの中でケースワークが支配的な位置を占めるようになった。

　1941年には、YWCA、YMCA、全国カトリック・コミュニティサービス、ユダヤ人扶助機関、救世軍サービス、全国旅行者保護協会の6つの民間機関が団結し、アメリカ各地でケースワークを中心とした社会的サービスが提供された。そこでは、戦争に直結するソーシャルワークが

〈表4－1〉 戦争に直結するソーシャルワーク

新たな任務	内容
徴兵へのインタビュー	インタビューにより、精神異常、神経症、情緒不安定などが発見された
精神医学的ソーシャルワーク	カウンセラーとともに、主に生活適応に苦しむ兵士に対して行われた
留守家族及び予備役軍人とその家族のケースワーク	国内の問題解決のみならず、出張軍人との手紙や情報のやりとりの仲介、政府への嘆願書の仲介などが行われた
在米日本人に対するサービス活動	西海岸のキャンプに収容された日本人への福祉活動が行われた

（出典）一番ヶ瀬康子『アメリカ社会福祉発達史』光生館、1963年、235頁をもとに筆者作成

求められ、ソーシャルワーカーに新たな任務が課された（**表4－1**）。そのほか、戦時中にソーシャルワーカーが協力した活動として、軍隊の家族へのケア、雇用支援、青少年犯罪の予防などがある。

　このように、精神分析学を実践に取り入れながら、着実に個人とその家族に焦点化したケースワークの力量を高めていくにつれて、ソーシャルワーカーは「生活困窮家族を援助する専門家」ではなく、「心と人間関係の専門家[2]」を志向するようになった。

（2）診断主義学派と機能主義学派の論争

　1930年代から1940年代にかけて、セラピーを中心とした心理的な援助が広まる中、**診断主義**学派と**機能主義**学派とよばれる2つの学派が誕生した。両学派は、ともに実践を支える理論として精神分析学の理論や知識を積極的に活用した。しかし、支持する理論や援助の視点の違いから

〈表4－2〉 診断主義学派と機能主義学派の特徴

	代表的な理論家	支持する理論	主な視点
診断主義学派	・ゴードン・ハミルトン（Hamilton, G.） ・フローレンス・ホリス（Hollis, F.）	ジークムント・フロイト（Freud, S.）の力動精神医学	① クライエントの過去に着目して成育歴や生活歴を分析する ② そこからクライエントのパーソナリティの構造や自我のはたらきを解明する ③ クライエントの自我を強化し、社会環境に対するクライエントのパーソナリティの適応力を強める
機能主義学派	・ジェッシー・タフト（Taft, J.） ・ヴァージニア・ロビンソン（Robinson, V.）	オットー・ランク（Rank, O.）の意思療法	① クライエントの意思を尊重する ② クライエントを主体者としてとらえる ③ クライエントの現在の経験を重視する ④ 時間を重視する ⑤ ソーシャルワーカーが所属する機関の機能に着目する

（出典）金子絵里乃「ソーシャルワークの理論と歴史」吉浦　輪 編著『シリーズ社会福祉の探究4 社会福祉援助学－介護福祉士・社会福祉士の専門性の探究』学文社、2008年、35〜62頁をもとに筆者作成

異なる道を歩み、対立するようになった（**表4－2**）。

❶診断主義学派

　診断主義学派は、リッチモンドを支持し、ハミルトン（Hamilton, G.）、トール（Towle, C.）、**ホリス**（Hollis, F.）が中心となって発展した学派である。「診断」という言葉に表れているように、この学派はソーシャルワーカーがクライエントを診断して治療するという医学的なスタンスに立っていることから、医学モデルの学派として知られている。大きな特徴は、フロイトの理論から多大な影響を受けていることであり、力動精神医学の方法をソーシャルワークに応用し、適切な診断と治療をすることこそがソーシャルワークの目的であると考えた。

　また、ソーシャルワーカーがクライエントの無意識の世界を理解することが必要と考えた。これについて、診断主義学派の一人であるハミルトンは、「ひとりの人間のうちには意識と無意識の過程のどちらもが働いている。いかなる治療者もなにが人格を作り上げているのかを理解していなければならない。精神医学的知識、直観力、関係、経験、そして社会事業は、すべてこれから記述される治療を、ケースワークに応用することの一部なのである[3]」と述べている。彼らは、例えば「クライエントが非行や犯罪を犯すのは彼らの情緒障害に原因がある」と考え、クライエント個人を治療することをソーシャルワークの援助と考えた。[*2]

　診断主義学派の人たちは、①クライエントの過去に着目して成育歴や生活歴を分析する、②そこからクライエントのパーソナリティの構造や自我のはたらきを解明する、③クライエントの自我を強化し、社会環境に対するクライエントのパーソナリティの適応力を強めることに力を注いだ。また、精神分析学の影響を受けながらも同時に精神分析学との違いをはっきりさせようと、クライエントとソーシャルワーカーとの関係やソーシャルワークの面接過程を詳細に分析し、ソーシャルワーク独自の援助方法を構築しようと試みた。

❷機能主義学派

　診断主義学派に対するアンチテーゼとして出現したのが機能主義学派である。この学派は、**ランク**（Rank, O.）の意志療法（will therapy）の影響を受け、ペンシルヴァニア社会事業学校の**タフト**（Taft, J.）と**ロビンソン**（Robinson, V.）を中心とする研究グループによって生まれた。機能主義学派がランクから受けた主な影響は、①クライエントの意志

＊2
ハミルトンの著書には、診断主義学派のケースワークの特徴が色濃く出ている。G. ハミルトン、四宮恭二 監修、三浦賜郎 訳『ケースワークの理論と実際 上巻』有斐閣、1960年。G. ハミルトン、四宮恭二 監修、仲村優一 訳『ケースワークの理論と実際 下巻』有斐閣、1964年。

155

（will）を尊重する、②クライエントを主体者としてとらえる、③クライエントの現在の経験を重視する、④時間を重視する、ことであった。クライエントには問題を解決する力や意志があるという考えに基づき、問題を解決するのはクライエント自身であり、クライエントが主体となって援助することが機能主義学派の特徴である。

　ランクから受けた影響に加え、機能主義学派が着目したのは、ソーシャルワーカーが所属する機関の機能である。これが、機能主義学派が機能主義学派とよばれるゆえんであり、この学派の大きな特徴である。タフトらは、ソーシャルワークが機関というある一定の限られた枠内で行われており、援助には限界があること、その限界がある中でソーシャルワーカーとしての役割を果たしていくことを重視した。

　機能主義学派の人たちは、診断主義学派の人たちが重視する治療（treatment）という医学的な用語を使わず、援助過程（helping process）という用語を使った。そして、援助過程を通じてクライエントが自身の力で自我を発揮し、自己受容するよう側面的に援助した。このような視座は、診断主義学派と大きく異なっていたため、両者の間で論争が起こり、長期にわたり対立が続いた。この対立は、ソーシャルワークの目的とは何か、ソーシャルワーカーと彼らが所属する機関がどのような関係を築いたらよいかなど、さまざまな論議をよび起こした。

❸心理的な援助への傾斜

　診断主義学派と機能主義学派は、ソーシャルワークの専門性を高めることをめざしていた。しかし、結果的には2つの学派の誕生と論争が続く中、ソーシャルワーク実践の中に精神分析学の知見が多く取り入れられるようになり、セラピーとしてのソーシャルワークが広まった。

　こうして、それまでクライエントのパーソナリティの発達と社会改良の両輪をめざしていたソーシャルワークは、クライエントへの心理的な援助に傾斜し、ソーシャルワークの専門性とは何かがあらためて問われることとなった。

（3）第二次世界大戦がグループワークに与えた影響
❶治療的グループワークの発展

　ケースワークと同様に、第二次世界大戦はグループワークの実践と理論にも多大な影響を及ぼし、1930年代から1940年代にかけてグループワークも大きく発展した。アメリカ赤十字社などにソーシャルワーカー

が採用され、レクリエーション活動や相談事業が活発に行われた。とりわけ、戦中戦後にかけて急速に広まったのが集団心理療法であり、治療的グループワーク（therapeutic groupwork）の効果が高く評価され、グループが治療的な要素をもっていることが認知されるようになった。

　ソーシャルワーカーは、グループを用いた治療に力を入れるようになり、グループワークを援助に用いるようになった。1940年代には精神科病院で初めてグループワーカーが採用され、1950年代に入ると、診療所や病院のリハビリテーション部門でグループワークが使われるようになった。次第に、治療方法としてグループワークを用いる意義が認められるようになり、グループワークを行うソーシャルワーカーへの期待が高まった。アメリカ・グループワーカー協会（American Association of Group Workers：AAGW）において、グループと治療との関係性が議論され、治療的グループが「精神科医療の分野で患者のグループに働きかける場合に、グループワーク法を活用するもの[4)]」と定義された。

❷グループワークをめぐる本質論争－グループワークの多様性と独自性

　ケースワークにおいて、診断主義学派と機能主義学派の論争があったように、グループワークにおいても定義をめぐって論争が続いた。グループワークには、治療方法、教育方法、社会改良運動、レクリエーション活動などさまざまな側面があるが、その多様性こそがグループワークと主張する人と、それを批判し、ソーシャルワーカーによるグループワークには独自性があると主張する人が真っ向から対立した。

　グループワークの多様性を強調する人たちは、グループワークがソーシャルワークに限らず、教育など他の領域とも深いつながりがあることを主張した。一方、グループワークの独自性を強調する人たちは、ソーシャルワーカーが行うグループワークには他の領域にはない特有の援助方法があると主張し、ソーシャルワークの援助方法としてのグループワークに強いこだわりをもっていた。

❸ソーシャルワークの援助方法としてのグループワーク

　1946年は、グループワークが新たな一歩を踏み出した年である。全米ソーシャルワーク会議（National Conference on Social Work）において、コーヘン（Cohen, N.）、コイル、ウィルソン（Wilson, G.）によって、グループワークがソーシャルワークの援助方法の一つであることが報告された。これは、グループワークがケースワークやコミュニティワークと

ともに、ソーシャルワークの援助方法の一つであることを明言した歴史的な報告であった。同年、グループワークの専門性の向上をめざしたアメリカ・グループワーカー協会も発足され、グループワークは新たな局面を迎えた。

1949年には、アメリカ・グループワーカー協会において「グループワーカーの機能に関する定義」が採択され、グループワーカーの機能に関する公的な見解が示された。この定義には、グループワークの体系的な援助方法は示されていないが、グループワークを構成する3要素として、「(1) グループメンバー間の相互作用およびワーカーとメンバー間の相互作用、(2) 手段としてのプログラム活用、(3) 個人と地域社会やより大きな社会との関係」がしっかりと示されている点で画期的な進歩であった。この時期、グループワークの代表的な専門書として、トレッカー (Trecker, H. B.) の『ソーシャル・グループ・ワーク－原理と実際』(*Social Group Work : Principles and Practices*) や**コノプカ** (Konopka, G.) の'*Therapeutic Group Work with Children*' などが出版された。

2 ソーシャルワークの展開

(1) 貧困の再発見

第二次世界大戦の勝利によって、アメリカは高度経済成長を遂げ、国民は日常生活の中でゆとりや豊かさを感じていた。しかし、それは一部の人だけであり、その一方ではもう一つのアメリカの姿があった。戦後から1950年代にかけて潜在化していた貧困の実態が1950年代末に明らかになり、貧困が再発見された。

この時期、「貧困の再発見」を示した報告書が次々と出されたが、なかでも大きな反響をよび、貧困戦争 (War on Poverty) に直接影響を及ぼしたのがハリントン (Harrington, M.) の『もう一つのアメリカ－合衆国の貧困』(*The Other America : Poverty in the United States*) であった。ハリントンは、1930年代以降、数千万人の貧困者がいたことを明らかにし、大多数の国民が食糧・医療・教育・住宅などの生活水準が十分でないまま貧困状態になり、長期にわたって抑圧を受けていることを公表した。また、その多くが高齢者・移民・少数民族であることも明らかにされた。

1964年に出された『下院教育労働委員会報告』(*Poverty in the United States : Report to the House Committee on Education and Labor*) では、

*3
グループワークの定義をめぐる動向については、次の文献に詳しく書かれている。K. E. リード、大利一雄 訳『グループワークの歴史－人格形成から社会的処遇へ』勁草書房、1992年。

*4
貧困戦争 (War on Poverty) とは、1964年にアメリカのジョンソン (Johnson, L. B.) 大統領が宣言し、実行した貧困政策の名称である。貧困戦争では、アメリカにおける貧困の原因を明らかにすることによって、貧困の根源を追究し、貧困の撲滅をめざした。

「貧困の再発見」が具体的な数字によって実証された。1962年には、生活に困窮している人が3,300万～3,500万人、世帯数が930万世帯になり、アメリカ国民の5人に1人が年収3,000ドル以下の生活をしていることが明らかにされた。貧困世帯は、高齢者世帯・女性世帯・都市居住者が多く、とりわけ単身世帯の貧困率が非常に高く、生活状態は劣悪なものであった。

　戦前と比較すると貧困は確かに減少していたが、貧困がなくなったわけではなく、この時期に発表された研究結果や報告書によって、至るところに存在し続けていた実態が明らかになった。

（2）福祉権運動・公民権運動がソーシャルワークに与えた影響
❶福祉権運動・公民権運動の広がり

　公的扶助の引き締めが依然と続き、貧困が再発見された中、アメリカでは公的扶助受給者を中心とした福祉権運動や**公民権運動**が急激に広まった。

　福祉権運動では、「福祉権組織」（Welfare Rights Organization）が各地で発足し、現行の公的扶助制度の抜本的改革及び生存権や社会保障の権利を要求する運動が活発に行われた。具体的には、①健康で人間らしい生活が送れるように扶助基準を引き上げること、②調整活動を縮小させること、③受給の家族単位原則を撤廃させること、④公的扶助の削減への反対、⑤法的権利の尊重、などが要求された。この運動は、フリーダン（Friedan, B.）を中心とする婦人権運動、ベトナム反戦運動、ヒッピー運動など、さまざまな運動の広がりによってさらに勢いを増し、もはや連邦政府も歯止めをかけられないほどまでに広がった。それは権利要求にとどまらず、アメリカの伝統的な貧困観をも根底から問い直すものであった。それまでアメリカでは、貧困状態にある人は努力が足りないなど、貧困の原因は個人の怠惰にあるという貧困観が根付いていたが、個人に原因があるのではなく、社会制度や社会福祉政策の引き締めなど、社会に原因があるという新たな貧困観が生まれた。

　公民権運動は、所得・教育・雇用などのあらゆる場面で差別を受け続けてきた黒人らが、アメリカ市民として経済的・社会的・政治的に平等な権利の獲得を求めた運動である。奴隷解放宣言からちょうど100年目の1963年、公民権運動は大きな山場を迎え、ワシントン記念塔広場には人種差別の撤廃と権利獲得を求めて20万人以上が集まり、大行進が行われた。そこでスピーチした**キング牧師**（King, Jr. M. L.）の演説「I have a dream」には、アメリカ国民の長年の願いであった民主主義の精神や平和の実現が説かれていた。

❷コミュニティワークの広がり

福祉権運動や公民権運動は、アメリカ全土に社会変革をもたらした。とりわけ、1964年と1965年はアメリカ社会にとって大きな転換点となる年であった。1964年には公民権法（Civil Rights Act）と経済機会法（Economic Opportunity Act）、1965年には投票権法（Voting Rights Act）が制定され、アメリカ市民としての権利の復権がようやく実現されつつあった。これらの法は、それまでアメリカ社会の外に置かれていた人たちが、貧困から脱却することをめざす革新的なものであった。この中で、ソーシャルワーク実践に多大な影響を与えたのが経済機会法である。

経済機会法は、地域活動プログラム（Community Action Program）、就業訓練部隊（Job Corps）、職業訓練事業（Work Training Program）などのコミュニティ活動事業を連邦政府の補助事業として規定し、各地のコミュニティ活動に補助金を支給することを法定化した。社会的に不利な状況に置かれていた人々は、積極的にこれらの活動に参加し、新たな社会的サービス機関が創設されるようになった。この活動は、ソーシャルワーカーの需要を促進させ、多くのソーシャルワーカーがコミュニティ活動や公的機関に参入するきっかけになった。彼らは、公的扶助の対象となるような人々が扶助を受給できるように、環境にはたらきかける取り組みを精力的に行った。ソーシャルワーカーの献身的な活躍によって、多くの人が扶助受給資格を得られるようになり、扶助受給額も上がり、公的扶助受給者の数が急増した。

こうしたなか、住民が地域の中でよりよい生活が送れるよう、住民とともに地域を組織化して発展させようというコミュニティディベロップメントの考え方がアメリカ全土で広まった。それに伴い、コミュニティワークの理論が次々と誕生した。代表的なものとして、**ニューステッター**（Newstetter, W. I.）による**インターグループワーク論**、**ロス**（Ross, M. G.）による**コミュニティオーガニゼーション論**、**ロスマン**（Rothman, J.）による**コミュニティオーガニゼーションの3類型論**（小地域開発モデル、ソーシャルプランニングモデル、ソーシャルアクションモデル）などがある。

（3）ソーシャルワーク理論の発展

　コミュニティワークの展開によってソーシャルワークの幅が広がる一方で、1940年代に展開した心理的な援助の勢力がさらに加速し、ソーシャルワーク理論は依然としてケースワークを中心に発展した。

　1950年代なかばから1960年代には、ケースワークを専門とする優れた理論家が多く登場し、新たな理論が次々と生み出された。例えば、心理社会的アプローチ、実存主義ソーシャルワーク、クライエント中心療法、認知理論、役割理論、行動療法、危機理論、家族療法、コミュニケーション理論などがある。この中で、診断主義学派によって構築され、その後ソーシャルワーク理論が発展していく契機となったのが心理社会的アプローチである。

　心理社会的アプローチは、診断主義学派の代表であるホリスによって生み出されたアプローチである。ホリスは、「**状況の中にある人**（the person in his situation)」という新たな概念を示し、心理社会的アプローチではこの概念を重視した。[5]

　心理社会的アプローチの特徴は、ホリスが提唱したケースワーク技法を積極的に用いて面接を行うことである。ホリスは、長年の実践の中でソーシャルワークを展開していくには系統だった技法が必要であることを実感し、蓄積してきた実践をもとに新たなケースワーク技法を提唱した。彼女は、ケースワーク技法を「直接的処遇」と「間接的処遇」の2つに区分し、前者を①「持続的支持手続き」、②「直接的指示手続き」、③「浄化法および喚起法」、④「人と状況の全体性についての反省的話し合い」、⑤「力動についての反省的話し合い」、⑥「発生的な反省的話し合い」の6つのカテゴリーに分類し、後者を前者の①から④に「環境的処置」を加えた5つのカテゴリーに分類し、それまでバラバラになっていたケースワーク技法を精緻化・構造化した[6]（**表4-3**）。

〈表4-3〉ホリスのケースワークの技法

```
直接的処遇-①  持続的支持手続き
          ②  直接的指示手続き
          ③  浄化法および喚起法
          ④  人と状況の全体性についての反省的話し合い
          ⑤  力動についての反省的話し合い
          ⑥  発生的な反省的話し合い

間接的処遇-直接的処遇の①～④
          環境的処置
```

（筆者作成）

*5
「状況の中にある人」とは、人は社会の中で生きており、人と社会は交互に影響し合うことを意味している。ホリスは、ソーシャルワーカーがクライエントを理解するには、クライエント自身だけではなくその人が置かれている状況もあわせて理解することが必要であることを主張した。F. ホリス、黒川昭登・本出祐之・森野郁子 訳『ケースワーク—心理社会療法』岩崎学術出版社、1966年。

*6
ホリスによるケースワーク技法の特徴や変遷については、次の文献に詳しく書かれている。金子絵里乃「ソーシャルワーク理論の再考—フローレンス・ホリスの研究の変遷を辿る」『現代福祉研究7』法政大学現代福祉学部、2007年。

　ホリスのケースワーク技法は実践で注目され、病院やクリニック、家族福祉機関、児童福祉機関などで幅広く取り入れられるようになり、ケースワークの専門性を高めた。しかし、ホリスのケースワーク技法は個人に対する心理的な援助を主としたものであり、社会改良にはそぐわないものであった。また、ホリスが援助の対象としているクライエントは中産階級の人が大半であり、公的扶助を受けている人や社会的な差別を受けている人への視座は抜け落ちていた。社会的な課題が拡大・多様化し、その解決が早急に求められていたさなか、ケースワーク技法に対して疑問視する声も多く、従来のソーシャルワーク理論が再検討された。

（4）ソーシャルワークの見直し

　1950年代から1960年代は、セラピーを中心とした心理的な援助を展開してきたソーシャルワークが見直された時代である。アメリカでは、都市問題、人種問題、女性問題、貧困問題などの社会的な課題が拡大する中、セラピー中心の心理的な援助に力を入れていたソーシャルワーカーに対する批判が相次いだ。

　例えば、ソーシャルワークにはソーシャルの視点が必要であるが、ソーシャルワークの実践にはその視点がないという批判が多く、本来のソーシャルワークを取り戻し、「リッチモンドに帰れ」という声もあった。また、**パールマン**（Perlman, H. H.）は、1967年に「ケースワークは死んだ」という論文を発表し、ケースワークの存在意義を認めながらも、ソーシャルワーカーは社会改良に向けた取り組みを十分に行っていないと批判した。

　こうした批判を受け止め、ソーシャルワーカーはソーシャルワークの専門性を見直し、貧困状態にある人の権利擁護活動や社会資源の開発など、社会改良に向けた取り組みを積極的に行うようになった。

3　ソーシャルワークの統合化

　ソーシャルワークの専門性を見直す動きの中で進められたのが、ソーシャルワークの統合化である。ソーシャルワークの統合化とは、それまでケースワーク・グループワーク・コミュニティワークに専門分化されていた実践を見直し、すべての実践に共通する知識や方法を明らかにし、**ソーシャルワークの共通基盤**を構築する動きのことである。

（1）ソーシャルワークの統合化の背景

　ソーシャルワークの統合化の背景には、主に3つのことが影響していた。

❶ソーシャルワークの方法の専門分化による影響

　ソーシャルワークは、その誕生以来、ケースワーク・グループワーク・コミュニティワークという3つの援助方法に枝分かれしていた。ソーシャルワークの学部のカリキュラムには、ケースワーク・グループワーク・コミュニティワークという3つがあり、ケースワークを専攻した学生はクライエント個人に対する援助を、グループワークを専攻した学生はグループで用いる援助を、コミュニティワークを専攻した学生は地域に対する援助を中心に学んでいた。そして卒業後、ケースワークの専門家はケースワーカーとよばれ、彼らの強みはクライエントやその家族の診断・治療であった。また、グループワークの専門家はグループワーカーとよばれ、彼らはグループを介したクライエントの成長・教育・レクリエーションなどを強みとしていた。さらに、コミュニティワークの専門家はコミュニティワーカーとよばれ、彼らは地域の組織化やソーシャルアクションなどを強みとしていた。

　しかし、実際にはケースワークとグループワークとコミュニティワークの間にはっきりとした境界線があるわけではなく、それぞれにはつながりがあり、実践ではクライエントの状況や社会的な課題に応じて、臨機応変に3つの援助方法が用いられていた。こうしたなか、ソーシャルワークをケースワーク・グループワーク・コミュニティワークの3つの区分からとらえる従来の考え方は、実践とかけ離れているという意見が高まり、3つの援助方法を統合し、その共通基盤を明らかにし、専門職としてのソーシャルワークを確立しようという動きが出てきた。

❷二元論への反省

　それまでソーシャルワークは、好景気や戦争のときなど、心理的な援助を求める人が多いときにはケースワークを中心に、クライエント個人に焦点を当てて援助していた。その一方で、「貧困の再発見」のときなど、不景気のときや社会的な課題が浮上したときにはコミュニティワークを中心に、社会改良をめざしていた。このように、ソーシャルワークは社会情勢の影響によって、援助の方向性が揺らいでいた。

　こうしたなか、社会情勢によって、個人か社会のどちらか一方に目を

向けて二者択一して援助するのではなく、両者を視野に入れた援助が求められるようになった。

❸分野ごとの専門分化による影響

　アメリカでは、社会的な課題が多様化する中、さまざまな分野でソーシャルワーク実践が行われるようになった。そして、医療ソーシャルワーク、精神医学ソーシャルワーク、スクールソーシャルワークというように、分野ごとにソーシャルワークの専門分化が進んだ。それに伴い、それぞれの分野でスペシャリストとして活動するソーシャルワーカーが急増し、ソーシャルワーカーが所属する機関の分野ごとに援助方法が確立された。次第に、ソーシャルワーカーは自らの専門分野を意識するようになり、その分野特有の知識や援助方法を習得し、特定の分野における専門性をもったソーシャルワーカーとして成長した。

　専門性をもち合わせた、質の高いソーシャルワーカーが登場したことは意義深いことであり、ソーシャルワーカーの社会的認知度は高まった。しかしながら、分野ごとの専門性の向上は、ソーシャルワークが全体として一つの専門職集団として発展していくのには大きな妨げとなった。例えば、分野ごとに援助方法が形成されることによって、分野間で援助の方向性やアプローチなどにずれや混乱がみられるようになった。それは、ソーシャルワーカーが、ある特定の分野では活躍できるが、ほかの分野では活躍できない、というように、ソーシャルワーカーの活動範囲を狭め、彼らが活躍する実践の場を限定させていくことにつながった。

　ソーシャルワーカーが、クライエントの置かれている状況や社会的な課題に柔軟に対応し、広範囲にわたって実践していくためには、基礎となる共通の価値・方法・知識を共有して実践することが求められるようになった。

（2）全米ソーシャルワーカー協会の結成

　1950年代以降、ソーシャルワークの統合化に拍車をかけたのが全米ソーシャルワーカー協会（National Association of Social Workers：NASW）の設立である。全米ソーシャルワーカー協会は、1955年にそれまで分散して活動していたソーシャルワークの諸団体が統合されて結成された組織である。ここでは、ソーシャルワークの共通基盤を確立することをめざし、さまざまな取り組みが行われた。その大きな一歩となったのが、**バートレット**（Bartlett, H. M.）が1958年に発表した

「ソーシャルワーク実践の基礎的定義」である[7]。

　この定義は、ソーシャルワークの共通基盤となる価値・知識・方法などが体系化され、ソーシャルワークの専門性とは何かが明示されている。この定義を発展させたものとして、バートレットは1970年に『ソーシャルワーク実践の共通基盤』（*The Common Base of Social Work Practice*）を出版した。本書には、ソーシャルワーク実践を構成する本質的な要素として、「価値」「知識」「調整活動」が詳細に示されており、ソーシャルワークの共通基盤として周知されるようになった。

＊7
バートレットは、当時、全米ソーシャルワーカー協会におけるソーシャルワーク実践検討委員会で議長であった。

4 日本の動向

（1）アメリカのケースワークの直輸入とそれに対する批判

　第二次世界大戦後、アメリカで急速に発展したケースワークは、日本にも大きな影響を及ぼし、日本のソーシャルワークはアメリカのソーシャルワークを準拠枠として発展した。その始まりは、GHQ（連合国軍総司令部）の指導が原点にある。

　GHQの指導のもと、生活保護法・児童福祉法・身体障害者福祉法の社会福祉3法及び社会福祉事業法が制定され、その成立によって社会福祉主事・児童指導員・身体障害者福祉司が誕生した。こうしたなか、専門的な社会福祉の援助技術が必要とされた。GHQ公衆衛生福祉局福祉課の中にソーシャルワーク訓練係が置かれ、アメリカのケースワークが直輸入され、現任訓練が開始された。ケースワーカーという名称で任務にあたっていたのは社会福祉主事であり、行政部門に配置された。GHQは、日本にケースワークを定着させるために、現任訓練のみならず社会福祉教育の整備にも力を入れ、昭和21（1946）年には日本社会事業学校が開設された。

　こうしたなか、アメリカのケースワークの翻訳や、それに関する論文が多数発表された。それと同時に、谷川貞夫（たにがわさだお）による『ケース・ウォーク要論』（1949年）や**竹内愛二**による『ケース・ウォークの技術』（1950年）など、日本の社会福祉研究者によってケースワークを主題とする著作も出版された。さらに、ケースワークのみならずグループワークもアメリカの影響を受け、谷川貞夫による『グループワーク概説』（1948年）、永井三郎（ながいさぶろう）による『グループ・ワーク－小団指導入門』（1951年）、竹内愛二による『グループ・ウォークの技術』（1951年）などが相次いで出版された。

このように、日本にソーシャルワークを定着させようと、GHQがアメリカのケースワークを日本の現場や教育に導入したものの、結果的には名称のみがひとり歩きし、現場にも教育にもなじまず浸透することはなかった。こうしたなか、アメリカとは文化的・社会的風土や制度政策が異なる日本において、アメリカで発展してきたケースワークの技術を日本に直輸入するのは無意味であるという批判も多かった。その批判は、技術論対政策論という論争へとつながり、「社会事業本質論争」や「生活保護制度におけるサービス論争」へと発展した。

（2）縦割りのソーシャルワークの展開

戦後、生活保護法（昭和21〔1946〕年・昭和25〔1950〕年改正）、児童福祉法（昭和22〔1947〕年）、身体障害者福祉法（昭和24〔1949〕年）という社会福祉3法体制から、精神薄弱者福祉法（昭和35〔1960〕年・現 知的障害者福祉法）、老人福祉法（昭和38〔1963〕年）、母子福祉法（昭和39〔1964〕年・現 母子及び父子並びに寡婦福祉法）を加えた社会福祉6法体制が確立した。この体制は、ソーシャルワークに影響を及ぼし、「児童福祉」「障害者福祉」「高齢者福祉」など、それぞれの領域ごとにソーシャルワークが縦割り構造となって展開していく契機となった。

児童福祉専門のソーシャルワーカー、障害者福祉専門のソーシャルワーカー、高齢者福祉専門のソーシャルワーカーというように、ある特定の領域に特化した専門的知識や技術を習得し、所属機関において特定の人たちを援助することがソーシャルワーカーの主な職務として求められていた。また、ソーシャルワーカーは主に法律や制度に基づいて援助することに努めていたため、必然的に援助の対象者を限定し、限られた範囲内で限られた援助を行うようになった。

（3）コミュニティオーガニゼーションの活用

このような動向と並行して、社会福祉協議会（以下、社協）などではアメリカのコミュニティオーガニゼーションの方法を参考に、地域の住民が主体となって、住民とともに生活課題に取り組むソーシャルワークのあり方が模索された。

昭和37（1962）年に全国社会福祉協議会が策定した「社会福祉協議会基本要項」には、社協の性格が次のように書かれている。「一定の地域社会において、住民が主体となり、社会福祉、保健衛生その他生活の改善向上に関連のある公私関係者の参加、協力を得て、地域の実情に応じ、

住民の福祉を増進することを目的とする民間の自主的な組織である」。また、社協の主な機能について、「調査、集団討議、および広報等の方法により、地域の福祉に欠ける状態を明らかにし、適切な福祉計画をたて、その必要に応じて、地域住民の協働促進、関係機関・団体・施設の連絡・調整、および社会資源の育成などの組織活動を行なうこと」と示されている。1960年代にかけて、社協に専門職が計画的に配置されるようになり、昭和38（1963）年には全国及び都道府県社協に配置され、昭和41（1966）年には市町村社協に配置され、専門職の役割が議論されるようになった。

　このように、「社会福祉協議会基本要項」には住民が主体であることや、住民とともに関係機関・団体・施設が協働して地域づくりに参画することなどが示され、社協に専門職が配置されるようになったが、実際には十分に機能しているとは言い難い状況であった。しかし、社協の機能は、その後、日本のソーシャルワークに広く浸透していくこととなり、社協や地域包括支援センターが中核的な機関として展開していく、総合的かつ包括的な相談援助につながる礎となっている。

（4）社会福祉専門職員の充実化

　1960年代後半から1970年代初頭には、中央社会福祉審議会による「社会福祉施設緊急整備について」の答申により、社会福祉施設が急速に整備され、対人援助の担い手として活躍する社会福祉施設職員の確保が強く求められた。こうしたなか、社会福祉専門職のあり方が本格的に議論されるようになり、昭和42（1967）年には東京都社会福祉審議会が「東京都における社会福祉専門職制度のあり方」に関して中間報告を出し、昭和44（1969）年には行政管理庁が「施設職員の身分制度確立に関する勧告」を出した。

　昭和46（1971）年には、中央社会福祉審議会によって「社会福祉専門職員の充実強化方策としての『社会福祉士法』制定試案」（以下、試案）が公表された。試案では、「ソーシャルワーカーを中心とする公私の社会福祉専門職者を包括的にとらえる専門職としての社会福祉士（仮称）制度を設け、その資格基準を明定」することによって、社会福祉専門職の量的・質的充実を図ることが示された。しかし、試案では社会福祉士の資格が一種と二種に区分されており、それに対して批判が相次いだ。また、試案はアメリカのソーシャルワーカーをモデルとしたものであり、日本の現状にはそぐわないという課題があり、試案どまりで実質化には

至らなかった。このような状況下、昭和50（1975）～昭和51（1976）年にかけて、社会福祉教育問題検討委員会が「社会福祉教育のあり方について（中間答申）」を提出し、社会福祉教育のあり方や現任訓練の強化などについて見解を示し、その後、社会福祉専門職員の教育養成カリキュラムの新設に向けた取り組みが行われるようになった。

引用文献

1）W. I. トラットナー、古川孝順 訳『アメリカ社会福祉の歴史－救貧法から福祉国家へ』川島書店、1978年、244頁
2）伊藤淑子『社会福祉職発達史研究－米英日三カ国比較による検討』ドメス出版、1996年、113頁
3）G. ハミルトン、板橋登美・本間恵子 訳『児童ケースワークと心理療法（上巻）』川島書店、1977年、11頁
4）K. E. リード、大利一雄 訳『グループワークの歴史－人格形成から社会的処遇へ』勁草書房、1992年、159頁
5）K. E. リード、大利一雄 訳、前掲書、150頁

参考文献

● I. クリストール「福祉－最善の意図が最悪の結果をもたらしている」P. E. ワインバーガー 編、小松源助 監訳『現代アメリカの社会福祉論』ミネルヴァ書房、1978年
● H. スペクト・A. ヴィッケリー 編、岡村重夫・小松源助 監訳『社会福祉実践方法の統合化』ミネルヴァ書房、1980年
● H. M. バートレット、小松源助 訳『社会福祉実践の共通基盤』ミネルヴァ書房、1978年
● 伊藤淑子『社会福祉職発達史研究－米英日三カ国比較による検討』ドメス出版、1996年
● 金子絵里乃「ソーシャルワークの理論と歴史」吉浦　輪 編著『シリーズ社会福祉の探究4 社会福祉援助学－介護福祉士・社会福祉士の専門性の探究』学文社、2008年
● 金子絵里乃「ソーシャルワーク理論の再考－フローレンス・ホリスの研究の変遷を辿る」『現代福祉研究7』法政大学現代福祉学部、2007年
● K. E. リード、大利一雄 訳『グループワークの歴史－人格形成から社会的処遇へ』勁草書房、1992年
● 仲村優一・佐藤　進・小倉襄二・一番ケ瀬康子・三浦文夫『講座社会福祉2 社会福祉の歴史』有斐閣、1981年
● R. W. ロバーツ・R. H. ニー、久保紘章 訳『ソーシャル・ケースワークの理論－7つのアプローチとその比較』川島書店、1985年
● 右田紀久恵・高澤武司・古川孝順 編『社会福祉の歴史－政策と運動の展開』有斐閣、1977年

第3節 ソーシャルワークの新たな歩み〜1970年代以降

1 ジェネラリスト・アプローチの誕生

　ソーシャルワークの統合化によって、それまでケースワーク・グループワーク・コミュニティワークという援助方法が枝分かれして専門分化してきたソーシャルワークが一つにまとまり、ソーシャルワーカーは共通の価値・知識・技術を修得して実践することが求められるようになった。このような動向の中で誕生したのが、**ジェネラリスト・アプローチ**である。

　ジェネラリスト・アプローチは、ソーシャルワークに共通する価値・方法・知識とは何かというソーシャルワークの共通基盤を考察して生成された、ソーシャルワークの実践アプローチである。ジェネラリストという言葉が物語るように、ジェネラリスト・アプローチは、あらゆる領域のあらゆる年齢層の人や環境にはたらきかけて援助していくための、ソーシャルワークの共通基盤が体系化されている。

　ジェネラリスト・アプローチの誕生によって、ソーシャルワークの学部や大学院では、ソーシャルワークの共通基盤を教育することが求められるようになった。

2 ソーシャルワーク理論の多様化

　ジェネラリスト・アプローチの誕生とともに、1970年代以降、ソーシャルワーク理論の多様化が進み、多数の理論が生み出された。

　例えば、ロバーツ（Roberts, W. R.）とニー（Nee, R. H.）が1970年代に出版した『ソーシャル・ケースワークの理論』（*Theories of Social Casework*）では、①心理社会的アプローチ、②問題解決アプローチ、③機能的アプローチ、④行動修正アプローチ、⑤家族療法、⑥危機介入、⑦成人の社会化、という7つのアプローチが紹介されている。本書で紹介された7つのアプローチは、1960〜1970年代の代表的なソーシャルワーク理論であり、それぞれのアプローチを提唱した代表的な研究者が、アプローチの特徴、起源、処遇の原則と方法、処遇過程などについ

第4章

て執筆している。

1974年には、ターナー（Turner, J. F.）によって『ソーシャルワーク・トリートメント』（*Social Work Treatment*）が公刊され、14のソーシャルワーク理論が紹介された。さらに、1979年に公刊された同書の改訂版には、19のソーシャルワーク理論が紹介され、1996年版には27のソーシャルワーク理論が紹介されている。

このように、ソーシャルワーカーはジェネラリスト・アプローチというソーシャルワークの共通基盤を学んで実践するだけではなく、多種多様なソーシャルワーク理論を修得し、状況に合わせて理論を取り入れて援助することが求められた。

3 ソーシャルワークへの批判の高まり

ソーシャルワーク理論が多数生み出される中、アメリカではソーシャルワーク内外において、ソーシャルワークに対する批判が高まった。当時、アメリカにおいて、社会的な課題の解決にソーシャルワーカーの協力が求められたが、社会的な課題に取り組むソーシャルワーカーは少数であり、社会の期待に十分に応えられていなかった。また、ソーシャルワークの効果に関する調査において、クライエントの社会的ストレスの緩和にソーシャルワークの効果がみられないことが明らかとなった。

ソーシャルワークやソーシャルワーカーへの批判は、外部のみならず内部からも声高に叫ばれた。ホリスとテイラー（Taylor, A. L.）は、ソーシャルワーカーが社会福祉の改善に十分に寄与してこなかったことを指摘し、ソーシャルワーカーが社会改良に向けて行動する必要性を主張した。また、ヤング（Young, W.）は全米ソーシャルワーク会議の席上で、ソーシャルワーカーに「喪われた遺産」を再生させるように呼びかけた。さらに、全米ソーシャルワーカー協会の会長であったヤングダール（Youngdahl, B.）は、会長を退く際に「われわれのソーシャルワーカーとしての職務は、病理現象の治療に限定されているのだろうか、あるいはわれわれは積極的ないし予防的な職務も同時にもっているのだろうか[1]」と述べ、ソーシャルワーカーが社会的な課題の改善をめざす専門職であることをあらためて強く主張した。

ソーシャルワーカーは、内外からの批判によって専門職であるソーシャルワーカーとしてのあり方を見直し、社会的な課題の改善に向けて積極的に行動するようになった。

4 システム理論の導入とライフモデルの誕生

　ソーシャルワーカーが、社会的な課題の改善に向けて活動する中、ソーシャルワーク実践や教育に導入されたのが、システム理論とライフモデルである。

（1）システム理論

　システム理論は、人と環境との交互作用に着目し、個人とその人が置かれている環境は影響し合うという考えのもと、両者がどのように影響し合っているかを包括的に理解しようとする視座を示している。例えば、子どもが病気になったことを例にあげると、病気によって子ども本人だけではなく、父親や母親にも何かしらの影響が及び、家庭環境全体が変化していく、と考えるのがシステム理論の視座である。クライエント個人とその人の置かれた環境に目を向け、クライエントの幸福とともに、その人が置かれた環境の改善をめざすソーシャルワークにおいて、システム理論の視座は画期的であった。そして、システム理論を用いた新たなモデルやアプローチが多数生み出された。

　例えば、ピンカス（Pincus, A.）とミナハン（Minahan, A.）は、システム理論をソーシャルワークに取り入れる意義を主張し、ソーシャルワークの新たなモデルと方法論を提唱した。また、ゴールドシュタイン（Goldstein, H.）は、ソーシャルワークの実践アプローチとして、システム理論を取り入れたユニタリー・アプローチを提唱した。

（2）ライフモデル

　ライフモデルは、ジャーメイン（Germain, C. B.）とギッターマン（Gitterman, A.）が、システム理論と生態学の視点を取り入れて考案した実践モデルである。[*8]

　ライフモデルの特徴は、環境に対するクライエントの適応力を強化することと、環境を改善することをめざした援助プロセスを体系的に示していることである。これまでのソーシャルワーク理論は、クライエントをどのように援助するかという個人に対する援助方法に重きが置かれ、環境をどのように改善するかという環境に対する援助方法については十分に検討されてこなかった。環境への積極的な介入とその改善に向けた援助方法を示したライフモデルは、ソーシャルワーク理論に新たなパラ

＊8
詳細については、次の文献を参照。C. B. ジャーメイン・A. ギッターマン、小島蓉子 編訳『エコロジカル・ソーシャルワーク』学苑社、1992年。

ダイム転換をもたらし、長年主流となっていた医学モデルに代わる新た
なモデルとして広がった。そして1980年代以降、ソーシャルワークの主
流となるモデルへと発展した。

　ライフモデルは、ソーシャルワークが個人から政策まで幅広く介入す
る実践であることを再認識させたモデルであり、援助過程や援助方法が
体系化されている。その一方で、ライフモデルに対する批判もあった。

　その一つが、ソーシャルワーカーとクライエントとの関係性である。
ライフモデルでは、ソーシャルワーカーが援助する主体、クライエント
が援助される客体という専門的な援助関係がはっきりとしている。この
ような関係性において、クライエントの考えや意見がどこまで援助に反
映されているのか、ソーシャルワーカーが考えていることとクライエン
トが考えていることがはたして一致しているのかなど、多くの疑問が投
げかけられた。また、ライフモデルはシステム理論を強調するあまり、
内容が抽象的であり実践的ではないことも指摘された。[2]

5 ソーシャルワークにおける新たな視座

　1990年代から2000年代にかけて、医学・看護学・心理学・社会学など
の学問及び実践領域で、ポストモダン（Postmodern）とエビデンス・
ベースト・プラクティス（Evidence Based Practice：EBP）という、相
反する2つの思想が浸透し、その潮流がソーシャルワークにも押し寄せ
た。

(1) ポストモダンの影響

　ポストモダンとは、客観性や普遍性に価値を置くモダニズムを批判し、
専門的な既成概念や理論などに対して異議を唱える思想的立場である。
ポストモダンの影響によって、ソーシャルワークにおいても従来の理論
が疑問視され、批判的に検討されるようになった。それに伴い、ポスト
モダンの思想を取り入れた画期的なアプローチやモデルが生み出され、
ソーシャルワークの新たなアプローチやモデルとして紹介されるように
なった。その代表が、ストレングスアプローチとナラティヴモデルであ
る。

　ストレングスアプローチとナラティヴモデルには、次のような共通点
がある。①ソーシャルワークの共通基盤の確立をめざし、専門性を追求
してきた従来のソーシャルワーク理論を批判して誕生した、②クライエ

ントとソーシャルワーカーとの援助関係を根本から問い直した、③「クライエントこそが専門家である」というスタンスに立ち、クライエントのもつ力や彼らが語るストーリーを最大限に尊重することを重視した。ハートマン（Hartman, A.）やサリービー（Saleebey, D.）らは、ポストモダンの視点を取り入れたソーシャルワークの研究成果を発表し、ソーシャルワークの世界に大きなインパクトを与えた。

（2）エビデンス・ベースト・プラクティスの広がり

このようなポストモダンの思想に相反する立場が、エビデンス・ベースト・プラクティス（EBP）である。EBPとは、科学的根拠に基づいて実践することであり、EBPを支持する人たちはソーシャルワーカーに実践の科学性や実証性を求めた。

EBPの登場によって、ソーシャルワーク実践を評価することに強い関心が寄せられ、エビデンス・ベースト・ソーシャルワーク・プラクティス（Evidence Based Social Work Practice）が求められるようになった。また、ミクロ・メゾ・マクロで行われているソーシャルワーク実践がそれぞれ効果的であるか、有効であるかを実証的に明らかにする調査研究が盛んに行われるようになった。

その勢いはとどまることなく、2004年にはエビデンス・ベースト・ソーシャルワークの専門誌‘*Journal of Evidence-Based Social Work*’が創刊され、本誌ではソーシャルワークにおけるEBPについて、さまざまな視点から議論された。その後も、実践や研究のみならず、教育にもEBPが取り入れられ、EBPの普及を通してソーシャルワークの専門性を高め、社会的認知を広めようとする動きがみられた。

6 日本の動向

（1）地域を基盤としたソーシャルワークの広がり

1970年代以降、日本においてクローズアップされたのが、「地域を基盤としたソーシャルワーク」である。

その背景として、地域において共通の課題が急増したことや、ボランティア活動の広がりによって、政策的な対応が必要となったことなどがあげられる。昭和46（1971）年には、中央社会福祉審議会が「コミュニティ形成と社会福祉」を答申し、①社協を中心とする地域組織化活動の発展強化、②地域福祉センターを中心とする地域福祉施設の体系的整備、

③コミュニティケアの発展方策、が提起された。

1980年代には、地域福祉の政策がいっそう強化され、具現化されるようになった。なかでも、「高齢者保健福祉推進10か年戦略（ゴールドプラン）」（平成元〔1989〕年）では、在宅福祉推進10か年事業が打ち出され、在宅福祉を中心に据えた地域福祉が急速に展開されるようになった。このような流れの中で、ソーシャルワーク研究の中でもコミュニティワーク、地域福祉、地域におけるソーシャルワーカーの役割について活発に議論されるようになった。

こうした動向は、諸外国の影響もあり、とりわけイギリスでコミュニティケア改革を推進したバークレイ報告「ソーシャルワーカーの役割と課題」（1982年）、グリフィス報告「コミュニティケアの行動のための指針」（1988年）、「国民保健サービス及びコミュニティケア法」（1990年）の影響は多大なるものであった。

1990年代に入ると、1990年の社会福祉関係8法改正によって在宅福祉の3本柱（ホームヘルプサービス・デイサービス・ショートステイ）が制度化されたほか、社会福祉の地方分権化、市町村による地域福祉計画の策定など、地域で新たに取り組むべき課題が浮上した。

（2）多様な生活課題と総合的かつ包括的な相談援助の推進

日本では、児童、高齢、障害など、特定の領域別に相談援助が行われる傾向が強く、一つの相談機関や部署だけでは多様な相談に対応することができず、点在している相談機関をいくつも渡り歩き、たらい回しにされている状態の人が多くいる。解決につながるような糸口が見つからないまま時間だけが刻々と過ぎていき、問題が深刻化・長期化するだけではなく、新たな課題が浮上し、生命にかかわるような事態にまで発展することもある。2000年以降、こうした状況を解決することが必要不可欠となり、従来の相談援助のあり方を見直し、あらゆる人のあらゆる相談に早急かつ継続して対応する総合的かつ包括的な相談援助を推進していくことが喫緊の課題となった。

「総合的かつ包括的」とは、あらゆる人のあらゆる相談に柔軟に対応するということだけではない。あらゆる人があらゆる内容を相談できるような相談援助体制を日常生活圏域に整え、できる限り早い段階で対応することや、専門職が所属している機関や職種にかかわらず、専門職であるか否かにかかわらず、多種多様な人たちが相談援助の担い手となること、さらには、一人ひとりが生活している地域を変えていくなど、既

存の社会福祉制度の枠を超えた相談援助体制を創造するという意味も含まれている。そして、総合的かつ包括的な相談援助には、一人ひとりの生命を尊ぶというソーシャルワークの価値が根底にある。

（3）総合的かつ包括的な相談援助を担うソーシャルワーカーの養成

　総合的かつ包括的な相談援助は、ソーシャルワーク本来の機能を表すものであるが、実際には、社会福祉制度やソーシャルワーカーが所属している機関などの環境要因などによって、ソーシャルワーカーはその機能を十分に発揮することがむずかしい面もあった。平成18（2006）年4月より地域包括支援センターにおいて、日常生活圏域における「総合相談支援事業」が行われるようになり、その担い手としてソーシャルワーカーが必要となり、領域ごとに機能する専門職にも連携が求められるようになった。こうした背景のもと、平成19（2007）年に公布された「社会福祉士及び介護福祉士法等の一部を改正する法律」によって社会福祉士の新しい教育カリキュラムがつくられた。

　新しい教育カリキュラムでは、「総合的かつ包括的な相談援助の理念と方法に関する知識と技術」という科目群が設置された。また、「サービスに関する知識」として、「就労支援サービス」「権利擁護と成年後見制度」「更生保護制度」など、新たな科目が加わった。新しい名称の科目群や科目が設置されたのは、名称が新しくなったという単純な話ではない。ソーシャルワーカーは、総合的かつ包括的な相談援助を担う専門職であり、ソーシャルワーカーとして総合的かつ包括的な相談援助を行っていくには分野横断的な知識などが必要であるということが目に見える形で示されたことに意味がある。総合的かつ包括的な相談援助を推進していくことは、ソーシャルワークの原点に立ち返ることであり、ソーシャルワークの使命とは何かがあらためて問われている。

（4）地域包括ケアの推進と地域共生社会の実現に向けた取り組み

　平成24（2012）年に施行された改正介護保険法では、高齢者が現在住んでいる地域でできる限り生活を続けていけるように、日常生活圏域で、医療、介護、予防、住まい、生活支援サービスを24時間365日切れめなく提供する地域包括ケアの実現が掲げられた。地域包括ケアのこのような考え方は、地域包括ケア研究会が公表した「地域包括ケア研究会報告書－今後の検討のための論点整理」（平成21〔2009〕年）に基づいてい

第4章

る。同報告書では、地域包括ケアシステムについて、「ニーズに応じた住宅が提供されることを基本とした上で、生活上の安全・安心・健康を確保するために、医療や介護のみならず、福祉サービスを含めた様々な生活支援サービスが日常生活の場（日常生活圏域）で適切に提供できるような地域での体制」であると示している。その4年後の報告書「地域包括ケア研究会－地域包括ケアシステムの構築における今後の検討のための論点」（平成25〔2013〕年）では、地域包括ケアシステムの構成要素として、①介護・リハビリテーション、②医療・看護、③保健・予防、④生活支援・福祉サービス、⑤住まいと住まい方の5つが提示された。

　平成28（2016）年には、「ニッポン一億総活躍プラン」が閣議決定され、介護離職ゼロの実現に向けた取り組みとして、①介護環境の整備、②健康寿命の延伸と介護負担の軽減、③障害者・難病患者・がん患者等の活躍支援、④地域共生社会の実現が掲げられた。同年7月には、地域共生社会の実現を目的とする「我が事・丸ごと」地域共生社会実現本部が設置され、翌年2月に同本部において「『地域共生社会』の実現に向けて（当面の改革工程）」が提示された。そこには、地域共生社会について「制度・分野ごとの『縦割り』や『支え手』『受け手』という関係を超えて、地域住民や地域の多様な主体が『我が事』として参画し、人と人、人と資源が世代や分野を超えて『丸ごと』つながることで、住民一人ひとりの暮らしと生きがい、地域をともに創っていく社会を目指す」ことであると示されている。さらに、地域共生社会を実現していくための柱の一つとして、地域を基盤とする包括的支援の強化が掲げられ、次のような内容が公表された。

　「地域包括ケアの理念を普遍化し、高齢者のみならず、障害者や子どもなど生活上の困難を抱える方が地域において自立した生活を送ることができるよう、地域住民による支え合いと公的支援が連動し、地域を『丸ごと』支える包括的な支援体制を構築し、切れ目のない支援を実現する」、また、「精神疾患、がん、難病その他の慢性疾患など住民が抱える課題と深く関係することや、地域を基盤とする包括的支援における役割の重要性に鑑み、保健分野について、その支援体制を強化するとともに、福祉行政との連携を緊密化する」ことなど、地域で生活しているすべての人を包含したケアをめざす地域包括ケアの理念に基づいた内容が盛り込まれている。

　地域共生社会の実現に向けて、地域を基盤とする包括的支援を実現するためには、医療、保健、教育、就労、司法、環境、農林水産業、行

政、NPOなど、多種多様な場において関係機関が連携し、一人ひとりに合わせた相談援助を展開していく体制を地域で構築することが必要である。さらに、このような体制を構築していくには、ソーシャルワーカーが専門職としての職務をどのように遂行し、何をするかが重要課題となっている。

　令和2（2020）年6月、令和3（2021）年度に向けて社会福祉士養成課程の教育内容が公表された。新カリキュラムでは、地域共生社会の実現を推進し、新たな福祉ニーズに対応するソーシャルワークの役割を担う社会福祉士を養成することをめざしている。その一環として、地域共生社会に関する科目として、「地域福祉と包括的支援体制」（60時間）が新設された。この科目は、既存の「地域福祉の理論と方法」などをベースとしており、地域共生社会の実現に向けて、社会福祉士が担う役割を理解し、多機関の協働による総合的かつ包括的な相談支援体制の仕組みなどの知識を習得することが目的とされている。

　現在、ソーシャルワーカーの育成や養成は、ソーシャルワーク関連の職能団体や養成団体などが中心となって進められているが、今後はこれまでの垣根を超えて検討することも重要である。なぜなら、教育、行政、司法、医療関係の専門職や市民だからこそ見える、ソーシャルワーカーに期待する役割や機能があるからである。地域共生社会の実現に向けて、実践力のあるソーシャルワーカーを育成していくには、ソーシャルワーク関連団体のみならず、多様な人々から意見を聴き、それを積極的に取り入れ、ソーシャルワーカーに今どのような役割や機能が求められるかについて、あらためて見直すことが必要である。

BOOK 学びの参考図書

●金子絵里乃・後藤広史『Next教科書シリーズ　ソーシャルワーク』弘文堂、2016年。
　ソーシャルワークを学ぶ学生が、ソーシャルワークの基礎的な知識と実践について理解を深めることを目的とした本である。執筆者の多くはソーシャルワーカーとしての実践経験をもっており、多種多様な領域の事例を提示し、それをもとにソーシャルワーク実践を説明している。

引用文献

1）W. I. トラットナー、古川孝順 訳『アメリカ社会福祉の歴史−救貧法から福祉国家へ』
　川島書店、1978年、251頁
2）金子絵里乃「ソーシャルワークにおける主体性の再考−価値の変遷をたどる」日本社
　会福祉学会 編『対論 社会福祉学5』中央法規出版、2012年、53〜73頁

参考文献

● R. W. ロバーツ・R. H. ニー、久保紘章 訳『ソーシャル・ケースワークの理論 I −7つ
　のアプローチとその比較』川島書店、1985年
● H. M. バートレット、小松源助 訳『社会福祉実践の共通基盤』ミネルヴァ書房、1978
　年
● H. スペクト・A. ヴィッケリー 編、岡村重夫・小松源助 監訳『社会福祉実践方法の統
　合化』ミネルヴァ書房、1980年
● 金子絵里乃「ソーシャルワークにおける主体性の再考−価値の変遷をたどる」日本社
　会福祉学会 編『対論 社会福祉学5』中央法規出版、2012年
● 地域包括ケア研究会「地域包括ケア研究会報告書−今後の検討のための論点整理」
　2009年
● 地域包括ケア研究会「地域包括ケア研究会−地域包括ケアシステムの構築における今
　後の検討のための論点」2013年

資料編

1．対人援助職職能団体等の倫理綱領にみる基本的価値・倫理

原則／専門職の価値・態度	区分	社会福祉士	介護福祉士	精神保健福祉士	保育士	母子生活支援施設職員	看護師	理学療法士	作業療法士
原則	尊厳・平等	原I すべての人々を、出自、人種、民族、国籍、性別、性自認、性的指向、年齢、身体的精神的状況、宗教的文化的背景、社会的地位、経済状況などの違いにかかわらず、かけがえのない存在として尊重する。／原VI すべての人々を生物的、心理的、社会的、文化的、スピリチュアルな側面からなる全人的な存在として認識する。		(1)(1) クライエントの個人としての尊厳、法の下での平等を擁護する。		1 母と子の権利と尊厳を擁護する。	1 人間の生命、人間としての尊厳及び権利を尊重する。／2 対象となる人々に平等に看護を提供する。	1 全ての人の尊厳と権利を尊重する。／2 国籍、人種、思想、民族、宗教、家柄、社会的地位、年齢、性別などにかかわらず、全ての人に平等に接する。	3 個人の人権を尊重し、思想、信条、社会的地位等によって個人を差別することをしない。
専門職の価値・態度	基本的人権	倫I-7 意思決定が困難なクライエントに対して、常に最善の方法を用いて利益と権利を擁護する。	1 すべての人々の基本的人権を擁護し、	(1)(1) クライエントの基本的人権を尊重し、			1 権利を尊重する。		
	人権侵害・差別しない	原II すべての人々を生まれながらにして侵すことのできない権利を有する存在であることを認識し、いかなる理由によってもその権利の抑圧・侵害・略奪を容認しない。／倫I-10 クライエントに対していかなる差別・虐待もしない。／倫I-11 クライエントの権利を擁護し、その権利の行使を促進する。		(1)(1) 健康で文化的な生活を営む権利を擁護する。／(1)(5) クライエントの人格を傷つける行為をしてはならない。		4 法令を遵守し、母と子への人権侵害を許さない。	6 対象となる人々に不利益や危害が生じているときは、人々を保護し安全を確保する。		12 法と人道にそむく行為をしない。
	受容	倫I-3 自らの先入観や偏見を排し、クライエントをあるがままに受容する。							
	自己決定	倫I-5 クライエントの自己決定を尊重し、クライエントがその権利を十分に理解し、活用できるようにする。また、クライエントの自己決定に基づく行動が自他に危害を及ぼすような場合は、人と環境の相互作用の視点からクライエントとそこに関係する人々相互のウェルビーイングの調和を図ることに努める。	1 一人ひとりの住民が豊かな暮らしと老後が送れるよう利用者本位の立場から自己決定を最大限尊重し、	(1)(2) クライエントの自己決定を尊重し、その自己実現に向けて援助する。			4 人々の権利を尊重し、人々が自らの意向や価値観にそった選択ができるように支援する。		

分類	項目	倫理綱領項目						
専門職の価値・態度	自己決定	倫Ⅰ-6　クライエントが自らの人生に影響を及ぼすすべての決定や行動のすべての局面において、完全な関与と参加を促進する。						
	信頼関係	倫Ⅰ-1　クライエントとの専門的援助関係を最も大切にし、それを自己の利益のために利用しない。			1　最善の利益を第一に考え、その福祉の増進に積極的に増進する。	3　対象となる人々との間に信頼関係を築き、その信頼関係に基づいて看護を提供する。		
	不当な利益		(5)1　不当な金品の授受に関与してはならない。				7　不当な要求・収受は行わない。	11　不当な報酬を求めない。
	最善の利益	倫Ⅰ-2　業務の遂行に際して、クライエントの利益を最優先に考える。	(3)2　クライエントの利益を最優先し、自己の利益のためにその地位を利用してはならない。					
		倫Ⅰ-3　組織・職場において本倫理綱領が認識されるよう働きかける。						
	倫理綱領	倫Ⅳ-7　すべての調査・研究過程で、クライエントを含む研究対象者の権利を尊重し、研究対象との関係に十分な注意を払い、倫理性を確保する。				10　より質の高い看護を行うために、自らの職務に関する行動基準を設定し、それに基づき行動する。		
専門性を高める	責任	倫Ⅱ-1　自らが属する組織・職場の基本的な使命や理念を認識し、最良の業務を遂行する。		母と子への最適な支援と、よりよい施設運営をめざすとともに、自己点検をはかり、職員自身も自らを見つめる道しるべとし、専門性の向上に努める。5				1　人々の健康を守るため、知識と良心を捧げる。
		倫Ⅱ-2　組織・職場内のどのような立場にあっても、同僚および他の専門職などに敬意を払う。						
		倫Ⅱ-4　組織・職場の方針、規則、業務命令がソーシャルワークの倫理的実践を妨げる場合は、適切・妥当な方法・手段によって提言し、改善を図る。	(1)8　専門職としての価値に基づき、理論と実践に努める。	研修や自己研鑽を通して、常に自らの人間性と専門性の向上に努め、専門職としての責務を果たす。		7　自己の責任と能力を的確に把握し、実施した看護について個人としての責任をもつ。	2　知識と技術に関して、つねに最高の水準を保つ。
			2　介護福祉サービスの質の向上に努め、自己の実施した介護福祉サービスについては、常に専門職としての責任を負う。専門的知識・技術の研鑽に励むとともに、豊かな感性と的確な判断力を培い、深い洞察力をもって専門的サービスの提供に努める。				
		倫Ⅱ-5　組織・職場における差別的・抑圧的な行為の予防および防止の促進を図る。						

（次頁へ続く）

		社会福祉士	介護福祉士	精神保健福祉士	保育士	母子生活支援施設職員	看護師	理学療法士	作業療法士
専門性を高める	点検	倫Ⅱ6 人々のニーズや社会状況の変化に応じて組織・職場の機能を評価し必要な改革を図る。／倫Ⅳ8 何らかの個人的・社会的困難に直面し、それが専門的判断や業務遂行に影響する場合、クライエントや他の人々を守るために必要な対応を行い、自己管理に努める。	2 介護福祉サービスの質的向上に努め、自己の実施した介護福祉サービスについては、常に専門職としての責任を負う。専門的知識・技術と豊かな感性と的確な判断力をもって深い洞察力をもって専門的サービスの提供に努める。(再掲)	1(4) クライエントの批判・評価を謙虚に受けとめ、改善する。／2(4) 自己の業務に対する批判・評価を謙虚に受けとめ、専門性の向上に努める。	8 自らの行う保育について、常に子どもの視点に立って自己評価を行い、保育の質の向上を図る。	5 母と子への最適な支援と、よりよい施設運営をめざすとともに、自己点検をはかり、職員自身も自ら各項目について向上に努め、専門性の向上に努める。(再掲)	7 自己の責任と能力を的確に把握し、実施した看護について個人としての責任をもつ。／12 より質の高い看護を行うため、看護職自身のウェルビーイングの向上に努める。	3 対象者に接する際には、誠意と謙虚さを備え、責任をもって最善を尽くす。	7 先人の功績を尊び、よき伝統を守る。
	研鑽	倫Ⅳ1 最良の実践を行うために、必要な資格を所持し、専門性の向上に努める。	7 すべての人々が将来にわたり安心して質の高い介護を受ける権利を享受できるよう、介護福祉士に関する教育水準の向上と後継者の育成に力を注ぐ。	2(2) 同僚の業務を尊重するとともに、相互批判を通じて専門職としての自律性を高める。	5 研修や自己研鑽を通して、常に自らの人間性と専門性の向上に努め、専門職としての責務を果たす。(再掲)		8 常に、個人の責任として継続学習による能力の維持・向上に努める。／11 研究や実践を通して、専門的知識・技術の創造と開発に努め、看護学の発展に寄与する。	5 専門職として生涯にわたり研鑽とも重ね、関係する職種とも連携して質の高い理学療法を提供する。／9 国の動向や国際情勢を鑑み、関係機関とも連携して理学療法の適用に努める。	9 学術的研鑽及び人格の陶冶をめざして相互に律しあう。
	教育	倫Ⅳ6 教育・訓練・管理を行う場合、それらを受ける人々の人格を尊重し、専門性の向上に寄与する。						6 後進の育成に寄与する。	8 後輩の育成と教育水準の高揚に努める。
利用者への責任	秘密保持	倫Ⅰ8 クライエントのプライバシーを尊重し秘密を保持する。	1 プライバシーを保護するため、職務上知り得た個人の情報を守る。	1 クライエントのプライバシーを尊重し、その秘密を保持する。	4 一人ひとりのプライバシーを保護するため、保育を通して知り得た個人の情報や秘密を守る。		5 対象となる人々の秘密を保持し、取得した個人情報は適正に取り扱う。	4 業務上知り得た個人情報についての秘密を遵守し…	4 職務上知り得た個人の秘密を守る。
	情報	倫Ⅱ4 クライエントに必要な情報を適切な方法・わかりやすい表現を用いて提供する。／倫Ⅱ9 クライエントから記録の開示の要求があった場合、非開示とすべき正当な事由がない限り、クライエントに記録を開示する。／倫Ⅰ12 情報処理技術の利用がクライエントの権利を侵害する危険性があることを認識し、その適切な使用に努める。						4 情報の発信や公開には細心の注意を払う。	5 必要な報告と記録の義務を守る。
	他職種・他機関との連携	4 福祉、保健、医療その他関連する業務に従事する者と積極的な連携を図り、協力して行動する。	4 福祉、医療、保健その他関連する業務に従事する者と積極的な連携を図り、協力して行動する。	他職種・他機関の専門性と価値を尊重し、連携・協働する。	5 職場におけるチームワークや、関係する他の専門機関との連携を大切にする。		9 多職種で協働し、よりよい保健・医療・福祉を実現する。	5 関係職種とも連携して質の高い理学療法を提供する。	6 他の職種の人々を尊重し、協力しあう。

（次頁へ続く）

分類						
利用者への責任	地域	6 地域の介護問題を解決していくために、専門職として接し、介護問題に対する深い理解を得られるよう努め、介護力の強化に協力する。		7 地域の人々や関係機関とともに子育てを支援し、そのネットワークにより、地域で子どもを育てる環境づくりに努める。	7 関係機関や団体と連携を図りながら、資源の開発や創生による子育て支援地域づくりを進め、ひとり親家庭のニーズに合わせた展開を図る。	
	パートナーシップ	5 暮らしを支える視点から利用者の真のニーズを受けとめ、それを代弁していく。		3 保護者とより良い協力関係を築きながら、子どもの育ちや子育てを支える。	母と子の願いや要望を受けとめ、安心・安全な環境の中で、母と子の生活課題への取り組みを支援し、安定した生活の営みを形成することをめざす。	
	ニーズの代弁			6 子どものニーズを受けとめ、子どもの立場に立ってそれを代弁する。保護者のニーズを受けとめ、それを代弁していく。		
	安全・発達保障	1 自立に向けた介護福祉サービスを提供していく。		2 子どもが心身ともに健康、安全で情緒の安定した生活ができる環境を用意し、生きる喜びと力を育む。	安心・安全な環境の中で、母と子の生活課題への生活課題を支援する。	
	自立支援				3 母と子の自立に向けた考えを尊重し、その歩みをともにしながら、母と子を支える。	
	アフターケア				6 退所計画を作成したとともに、アウトリーチをするとともに、地域の社会資源を組み込んだネットワークによる切れ目のない支援を提供する。	
社会への責任	社会的信用	倫IV2 クライエント・他の専門職・市民に専門職としての実践を適切な手段をもって伝え、社会的信用を高めるよう努める。 倫IV3 自分の権限の乱用や品位を傷つける行いなど、専門職全体の信用失墜となるような行為をしてはならない。 倫IV4 他の社会福祉士が専門職業の社会的信用を損なうような行為をした場合、本人にその事実を知らせ、必要な対応を促す。 倫IV5 不当な批判を受けることがあれば、専門職として連帯し、その立場を擁護する。		3 所属機関がクライエントの社会的復権を目指した理念・目的に添って業務が遂行できるように努める。		13 常に品位を保持し、看護職に対する社会の人々の信頼を高めるよう努める。

区分	社会福祉士	介護福祉士	精神保健福祉士	保育士	母子生活支援施設職員	看護師	理学療法士	作業療法士
公共の福祉								
領域への貢献						11 研究や実践を通して、専門的知識・技術の創造と開発に努め、看護学の発展に寄与する。（再掲）	6 理学療法の発展ならびに普及・啓発に寄与する。	
社会への働きかけ	原III 差別、貧困、抑圧、排除、無関心、暴力、環境破壊などの無い、自由、平等、共生に基づく社会正義の実現をめざす。 原IV 集団の有する力と責任を認識し、人と環境の双方に働きかけて、互恵的な社会の実現に貢献する。 原V 個人、家族、集団、地域社会に存在する多様性を認識し、それらを尊重する社会の実現をめざす。		4 人々の多様な価値を尊重し、福祉と平和のために、社会的・政治的・文化的活動を通し社会に貢献する。			14 人々の生命と健康をまもるため、さまざまな問題について、社会正義の考え方をもって社会と責任を共有する。	8 国際社会の保健・医療・福祉の向上のため、自己の知識・技術・経験を可能な限り提供する。	
社会貢献	倫III-1 あらゆる差別、貧困、抑圧、排除、無関心、暴力、環境破壊などに立ち向かい、包摂的な社会をめざす。 倫III-2 人権と社会正義の増進において変革と開発が必要であるとみなすとき、人々の主体性を活かしながら、社会に働きかける。 倫III-3 人権と社会正義に関する課題を解決するため、全世界のソーシャルワーカーと連帯し、グローバル社会に働きかける。					15 専門職組織に所属し、看護の質を高めるための活動に参画し、よりよい社会づくりに貢献する。		10 公共の福祉に寄与する。

（注）文中の数字は各倫理綱領等に付された番号である（日本社会福祉士会を除く）。社会福祉士において、「原」は原理、「倫」は倫理基準を示す。各文章は、意味が変わらない範囲で修正している。

（資料）社会福祉士の倫理綱領（令和2（2020）年）、日本介護福祉士会倫理綱領（平成7（1995）年）、精神保健福祉士の倫理綱領（平成30（2018）年）、全国保育士会倫理綱領（平成15（2003）年）、全国母子生活支援施設協議会倫理綱領（平成29（2017）年）、看護職の倫理綱領（令和3（2021）年）、日本理学療法士協会倫理綱領（令和元（2019）年）、日本作業療法士協会倫理綱領（昭和61（1986）年）
（『社会福祉学習双書2020』資料編1をもとに山嵜が改変）

２．ソーシャルワーカーの倫理綱領

日本ソーシャルワーカー協会（令和２〔2020〕年８月３日承認）

前　文
　われわれソーシャルワーカーは、すべての人が人間としての尊厳を有し、価値ある存在であり、平等であることを深く認識する。われわれは平和を擁護し、社会正義、人権、集団的責任、多様性尊重および全人的存在の原理に則り、人々がつながりを実感できる社会への変革と社会的包摂の実現をめざす専門職であり、多様な人々や組織と協働することを言明する。
　われわれは、社会システムおよび自然的・地理的環境と人々の生活が相互に関連していることに着目する。社会変動が環境破壊および人間疎外をもたらしている状況にあって、この専門職が社会にとって不可欠であることを自覚するとともに、ソーシャルワーカーの職責についての一般社会及び市民の理解を深め、その啓発に努める。
　われわれは、われわれの加盟する国際ソーシャルワーカー連盟と国際ソーシャルワーク教育学校連盟が採択した、次の「ソーシャルワーク専門職のグローバル定義」（2014年７月）を、ソーシャルワーク実践の基盤となるものとして認識し、その実践の拠り所とする。

ソーシャルワーク専門職のグローバル定義
　ソーシャルワークは、社会変革と社会開発、社会的結束、および人々のエンパワメントと解放を促進する、実践に基づいた専門職であり学問である。社会正義、人権、集団的責任、および多様性尊重の諸原理は、ソーシャルワークの中核をなす。ソーシャルワークの理論、社会科学、人文学、および地域・民族固有の知を基盤として、ソーシャルワークは、生活課題に取り組みウェルビーイングを高めるよう、人々やさまざまな構造に働きかける。
　この定義は、各国および世界の各地域で展開してもよい。
（IFSW；2014.7）※注１

　われわれは、ソーシャルワークの知識、技術の専門性と倫理性の維持、向上が専門職の責務であることを認識し、本綱領を制定してこれを遵守することを誓約する。

原理
Ⅰ（人間の尊厳）
　ソーシャルワーカーは、すべての人々を、出自、人種、民族、国籍、性別、性自認、性的指向、年齢、身体的精神的状況、宗教的文化的背景、社会的地位、経済状況などの違いにかかわらず、かけがえのない存在として尊重する。
Ⅱ（人権）
　ソーシャルワーカーは、すべての人々を生まれながらにして侵すことのできない権利を有する存在であることを認識し、いかなる理由によってもその権利の抑圧・侵害・略奪を容認しない。
Ⅲ（社会正義）
　ソーシャルワーカーは、差別、貧困、抑圧、排除、無関心、暴力、環境破壊などの無い、自由、平等、共生に基づく社会正義の実現をめざす。
Ⅳ（集団的責任）
　ソーシャルワーカーは、集団の有する力と責任を認識し、人と環境の双方に働きかけて、互恵的な社会の実現に貢献する。
Ⅴ（多様性の尊重）
　ソーシャルワーカーは、個人、家族、集団、地域社会に存在する多様性を認識し、それらを尊重する社会の実現をめざす。
Ⅵ（全人的存在）
　ソーシャルワーカーは、すべての人々を生物的、心理的、社会的、文化的、スピリチュアルな側面からなる全人的な存在として認識する。

倫理基準
Ⅰ　クライエントに対する倫理責任
1．（クライエントとの関係）
　ソーシャルワーカーは、クライエントとの専門的援助関係を最も大切にし、それを自己の利益のために利用しない。
2．（クライエントの利益の最優先）
　ソーシャルワーカーは、業務の遂行に際して、クライエントの利益を最優先に考える。
3．（受容）
　ソーシャルワーカーは、自らの先入観や偏見を排し、クライエントをあるがままに受容する。
4．（説明責任）
　ソーシャルワーカーは、クライエントに必要な情報を適切な方法・わかりやすい表現を用いて提供する。
5．（クライエントの自己決定の尊重）

　　ソーシャルワーカーは、クライエントの自己決定を尊重し、クライエントがその権利を十分に理解し、活用できるようにする。また、ソーシャルワーカーは、クライエントの自己決定が本人の生命や健康を大きく損ねる場合や、他者の権利を脅かすような場合は、人と環境の相互作用の視点からクライエントとそこに関係する人々相互のウェルビーイングの調和を図ることに努める。

6．（参加の促進）
　　ソーシャルワーカーは、クライエントが自らの人生に影響を及ぼす決定や行動のすべての局面において、完全な関与と参加を促進する。

7．（クライエントの意思決定への対応）
　　ソーシャルワーカーは、意思決定が困難なクライエントに対して、常に最善の方法を用いて利益と権利を擁護する。

8．（プライバシーの尊重と秘密の保持）
　　ソーシャルワーカーは、クライエントのプライバシーを尊重し秘密を保持する。

9．（記録の開示）
　　ソーシャルワーカーは、クライエントから記録の開示の要求があった場合、非開示とすべき正当な事由がない限り、クライエントに記録を開示する。

10．（差別や虐待の禁止）
　　ソーシャルワーカーは、クライエントに対していかなる差別・虐待もしない。

11．（権利擁護）
　　ソーシャルワーカーは、クライエントの権利を擁護し、その権利の行使を促進する。

12．（情報処理技術の適切な使用）
　　ソーシャルワーカーは、情報処理技術の利用がクライエントの権利を侵害する危険性があることを認識し、その適切な使用に努める。

Ⅱ　組織・職場に対する倫理責任

1．（最良の実践を行う責務）
　　ソーシャルワーカーは、自らが属する組織・職場の基本的な使命や理念を認識し、最良の業務を遂行する。

2．（同僚などへの敬意）
　　ソーシャルワーカーは、組織・職場内のどのような立場にあっても、同僚および他の専門職などに敬意を払う。

3．（倫理綱領の理解の促進）
　　ソーシャルワーカーは、組織・職場において本倫理綱領が認識されるよう働きかける。

4．（倫理的実践の推進）
　　ソーシャルワーカーは、組織・職場の方針、規則、業務命令がソーシャルワークの倫理的実践を妨げる場合は、適切・妥当な方法・手段によって提言し、改善を図る。

5．（組織内アドボカシーの促進）
　　ソーシャルワーカーは、組織・職場におけるあらゆる虐待または差別的・抑圧的な行為の予防および防止の促進を図る。

6．（組織改革）
　　ソーシャルワーカーは、人々のニーズや社会状況の変化に応じて組織・職場の機能を評価し必要な改革を図る。

Ⅲ　社会に対する倫理責任

1．（ソーシャル・インクルージョン）
　　ソーシャルワーカーは、あらゆる差別、貧困、抑圧、排除、無関心、暴力、環境破壊などに立ち向かい、包摂的な社会をめざす。

2．（社会への働きかけ）
　　ソーシャルワーカーは、人権と社会正義の増進において変革と開発が必要であるとみなすとき、人々の主体性を活かしながら、社会に働きかける。

3．（グローバル社会への働きかけ）
　　ソーシャルワーカーは、人権と社会正義に関する課題を解決するため、全世界のソーシャルワーカーと連帯し、グローバル社会に働きかける。

Ⅳ　専門職としての倫理責任

1．（専門性の向上）
　　ソーシャルワーカーは、最良の実践を行うために、必要な資格を所持し、専門性の向上に努める。

2．（専門職の啓発）
　　ソーシャルワーカーは、クライエント・他の専門職・市民に専門職としての実践を適切な手段をもって伝え、社会的信用を高めるよう努める。

3．（信用失墜行為の禁止）
　　ソーシャルワーカーは、自分の権限の乱用や品位を傷つける行いなど、専門職全体の信用失墜となるような行為をしてはならない。

4．（社会的信用の保持）
　　ソーシャルワーカーは、他のソーシャルワーカーが専門職業の社会的信用を損なうような場合、本人にその事実を知らせ、必要な対応を促す。

5．（専門職の擁護）

　　　ソーシャルワーカーは、不当な批判を受けることがあれば、専門職として連帯し、その立場を擁護する。
　6．（教育・訓練・管理における責務）
　　　ソーシャルワーカーは、教育・訓練・管理を行う場合、それらを受ける人の人権を尊重し、専門性の向
　　上に寄与する。
　7．（調査・研究）
　　　ソーシャルワーカーは、すべての調査・研究過程で、クライエントを含む研究対象の権利を尊重し、研
　　究対象との関係に十分に注意を払い、倫理性を確保する。
　8．（自己管理）
　　　ソーシャルワーカーは、何らかの個人的・社会的な困難に直面し、それが専門的判断や業務遂行に影響
　　する場合、クライエントや他の人々を守るために必要な対応を行い、自己管理に努める。

- 注１．本綱領には「ソーシャルワーク専門職のグローバル定義」の本文のみを掲載してある。なお、アジア太平洋（2016
  年）および日本（2017年）における展開が制定されている。
- 注２．本綱領にいう「ソーシャルワーカー」とは、本倫理綱領を遵守することを誓約し、ソーシャルワークに携わる者をさ
  す。
- 注３．本綱領にいう「クライエント」とは、「ソーシャルワーカー専門職のグローバル定義」に照らし、ソーシャルワーカ
  ーに支援を求める人々、ソーシャルワークが必要な人々および変革や開発、結束の必要な社会に含まれるすべての人々をさ
  す。

さくいん

社会福祉学習双書2024
第9巻

ソーシャルワークの基盤と専門職
（社会福祉士・精神保健福祉士共通／社会福祉士専門）

発　行	2020年12月15日	初版第1刷
	2022年　1月31日	改訂第1版第1刷
	2023年　2月　8日	改訂第2版第1刷
	2024年　2月　8日	改訂第3版第1刷

編　集　『社会福祉学習双書』編集委員会

発行者　笹尾　勝

発行所　社会福祉法人　全国社会福祉協議会

　　　　〒100-8980 東京都千代田区霞が関3-3-2 新霞が関ビル
　　　　電話 03-3581-9511　　振替 00160-5-38440

定　価　2,420円（本体2,200円＋税10%）

印刷所　日経印刷株式会社　　　　　　　　　　禁複製

ISBN978-4-7935-1450-0 C0336 ¥2200E